夢うつつまぼろし

——眠りで読み解く心象風景

監修　北浜邦夫
編集　高田公理・睡眠文化研究所

インターメディカル

はじめに――夢は天才である

「虚」と「実」の「間（あわい）」に遊ぶ

幼い子供が、両手で丸いお盆を回転させながら、

「ぶるん、ぶっぶーっ、だっだっだっだー、ごとん」

ずいぶん調子が出ています。お盆をハンドルに見立てた「自動車ごっこ」に夢中になっているのです。しかし本気で「お盆」を「ハンドル」だと思っているわけじゃない。もしそうなら、ちょっとおかしいというほかありません。とはいえ、他方では「なかば本気」でもあるのです。そうでないと、おもしろいはずがありません。

「夢中」というのは「夢の中」。「丸いお盆」は「ハンドル」の姿を映し出す「メディア」です。きっと視線の先には、自動車のボンネットの「まぼろし」が見えているのでしょう。「夢」「メディア」「まぼろし」は、いずれも「ないものを見せてくれるしかけ」なのです。

そんな「虚と実の間（あわい）」――「遊び」は、その微妙な境目に生まれます。

よく似たことは、大人にも起こります。ずいぶん古いけれど、今なお女性に人気の映画、たとえば『ローマの休日』を見ているとします。映画館なら、現実の生活にわずらわされる心配がない。ロマンチックな雰囲気に浸りきれます。

そんなとき、スペイン広場の階段で、きゅうくつな日常から解き放たれて、うれしそうにアイスクリームを食べているのは、ヘップバーンなのか、それとも、あなた自身なのか。思いは「虚実のあわい」にたゆたいます。映画のあと、

「イタリアへ行ってみたい」

そんな「夢」を抱き、やがて、その「夢」を果たした人も少なくないでしょう。

「眠って見る夢」と「将来の夢」

むろん「夜に見る夢」は現実じゃない。でも、夢のお告げ、正夢、予知夢などといった言葉があります。現代に生きるわたしたちは、

「そんなことは科学的にありえない」

そう考えます。でも、やっぱり気にはなる。ときに夢のなかのできごとが、仕事上の問題や日頃の悩みを解くきっかけになったりすることもあります。

そういえばニューギニアの高地民族は、夢のなかのできごとを、現実世界とつながっていると考えているのだそうです。だから、夢のなかで誰かに悪さをしたら、目覚めたのち、

「さっきはごめん。悪かった」

とあやまるのだといいます。べつだん彼らが遅れているわけじゃない。わたしたちとは夢の理解のしかたがちがうのです。

と思っていると、最近の日本語では「夢」という言葉を「眠っているときに見る夢」の意味で使う機

会が、確実に減っています。過去数十年の新聞記事を調べてみたら、最近になるほど「将来に実現したい夢」の意味で使われるケースが増えているのです。

いったいなぜなのか。のちほど、考えてみることにしましょう。

夢の働き——芸術の創造と科学の進歩

さて八時間、眠るとします。すると人は、四、五回に分けて九〇分ぐらい、夢を見ているようです。

最初は、寝入りばなの「うとうと」が本格的な眠りに移るころ、色のついた光や幾何学模様が現れます。そのうちに、人の顔、空を真っ赤に染めて沈む夕陽、燦々と陽の光が降り注ぐ林や野原が見えたりするようになります。

その後、眠りは深くなったり、浅くなったり……。やがて筋肉がゆるんで、体は動かないのに、眼球だけが急速に動く時期がやってくる。そんな眠りを「REM（Rapid Eye Movement：急速眼球運動）睡眠」といいます。このとき、人は夢を見るのです。

内容は、じつにさまざま。なかには、すてきな恋の夢もあるでしょう。たとえば『万葉集』に、こんな歌があります。

摺《す》り衣《ごろも》着《け》りと夢に見つ　現《うつつ》には　いづれの人の　言《こと》か繁《しげ》けむ

「摺り衣」は草木染めのおしゃれ着です。それを身に着ける——当時「夢で着物を着る」のは、男女がむつまじい関係になる前兆だと考えられていました。この歌は、だから、恋の予感を歌い上げたものなのです。

歌だけではありません。タルティーニ（一六九二～一七七〇年）というイタリアの作曲家は、ある夜、悪魔がみごとにバイオリンを演奏する夢を見ました。その曲の余りの美しさに、目覚めるとすぐ、メロディを楽譜に書き留めたといいます。バイオリン・ソナタ・ト短調「悪魔のトリル（Trillo del Diavolo）」は、こうして作曲されたのです。

こんな例は、芸術の世界のほか、科学の新発見などにも、たくさんあります。目覚めているときに、一所懸命、考えたり感じたりしていることが、眠っているときに見る夢のなかで、一挙に解決されたり、素晴らしい創造に昇華されたり……。

夢には、そんな力が備わっているのです。

「存在しないもの」を見たり、聴いたりする

ここで大切なことは、

「そこに存在しないものを見たり、聴いたりする」

ということでしょう。芸術家でも科学者でも、独創的な仕事をした人は、

「そこに存在しないものを見たり、聴いたりした人」

だといえます。

たとえば、ゴッホの『星月夜』という絵を思い出してください。あんな風景は、ゴッホ以前には誰も

目にしたことがない。それを彼の「天才」は、夢の中なのかどうかは知りませんが、いつか心のなかで、たしかに「見た」のです。モーツァルトだって、心のなかで「聴いた音楽」を楽譜に記したにちがいありません。

「独創」とは、特別な才能をもった人が、ふつうの人に先駆けて「見たり、聴いたり」したことを表現したものにほかならないのです。

それが、夢のなかでは、わたしたち「ふつうの人」にも、ときに可能になります。

わたしたちは通常、あらゆるものごとを、ごくあたりまえの常識どおりに見たり、聴いたりしています。ところが、夢の中では、目覚めているときの常識の束縛がとり払われる。そして、本来は誰にもそなわっている想像力が、自由に羽ばたき、奔放に飛び回ります。

そう、夢は人の心を「自由にしてくれる」のです。その結果、目覚めているときには見えないものが見えたり、聞こえない音や言葉が聞こえたりするというわけです。

そんな自由な想像力には、誰もが憧れます。なかでも石川啄木という人は、自由への憧れが強かったのでしょう。奔放に姿を変え、どこへでも自由に飛んでいく「空の雲」に託して『雲は天才である』という小説を書きました。

ただ、この小説そのものは未完の失敗作かもしれません。げんに啄木自身も「くだらない小説を書きてよろこべる　男憐れなり初秋の風」という短歌を詠んでいます。その啄木が、短歌の世界では素晴らしい、たくさんの作品を残しました。わたしの好きな歌に、こんなのがあります。

宗次郎《そうじろ》に
おかねが泣きて口説き居り
大根の花白きゆふぐれ

寝入りばなに見る夢のような、のどかで懐かしい田舎の夕暮れの風景が彷彿とするようです。

「夢は天才である」

してみれば、啄木のいう「雲」よりも「夢」こそ「天才」なのじゃないか。わたしとしては「夢は天才である」といいたいところです。

では、人はなぜ、どのような脳の働きで夢を見るのか。眠っているわけですから、目で見たり、耳で聞いたりするわけじゃない。簡単にいうと、脳の視覚野や聴覚野という場所が、あたかも目で見たり、耳で聞いたりしているかのように働くのです。

もっとわかりやすくいえば、こうなるでしょう。

――夢は「脳の働き」によって生じる。しかし「脳の働き」とは「心を働かす」ことにほかならない。ところで「心」は、人それぞれの過去の体験に由来し、未来のありようを決める。「夢」は、そんな「心」が、みずからをさらけだして姿かたちをあらわにしたものなのだ。

脳を研究するのは脳生理学です。心を研究するのは心理学です。従来これらは、それぞれ別べつに「夢」を語るケースが多かったように思います。それに対してわたしたちは、その「あわい」を埋め、つなぎ、その「あわい」にたゆたいながら「夢の全体像」をとらえようと考えています。

こうした試みに、文化人類学が新しい視野を提供してくれました。つまり、世界のさまざまな民族は「それぞれ独特のしかたで夢を理解している」というわけです。

今ひとつ、夢研究には、フロイトの精神分析学とユングの分析心理学という、ふたつの大きな「家元」があります。わたしたちは、これらふたつの「家元」から解き放たれて、自由に「夢」を遊び、楽しむよう、心がけました。

そんな「夢の遊びと楽しみ」を、ともに享受してほしい。ここに、本書を編んだわたしたちの願いがあります。

二〇〇五年　春

睡眠文化研究企画委員会　高田公理

◉目　次

3章 夢のフィールド

4章 バーチャルリアリティとしての夢

挿し絵・北浜邦夫

1章

日本人と夢

1　夢のすがた、三つのかたち

「夢」——眠りがもたらす霊的なヴィジョン

夢は「もの」ではないのですが、見えます。しかし、目の前に情景やヴィジョンが浮かんでくるものすべてが、夢というわけではありません。存在しないが、見える、こういう体験「ヴィジョン」なら、いろいろなケースが考えられます。われわれ日本人にとって、夢というひとつの言葉から想い起こすことのできるヴィジョンに三つのかたちがあるのではないかと思います。

まずひとつは「夢」それ自体です。夢の大前提は眠るということですから、「夢」は、眠って見るヴィジョンです。眠ってはいるのですが、そこで見られる光景やアイデアは、目が覚めたあとでも非常に役に立つものだと、古来より、日本人をはじめとする世界の民族は考えてきました。しかもそれは、覚醒している現実世界の「予告編」となっているのです。

僕が一番好きな日本人の夢の物語は、夢によって幸せになろうとした人たちのお話です。眠って夢を見て、その啓示をもとにして立身出世したり、福や富が手に入る、という吉夢の物語が日本にもたくさん語り伝えられています。

昔の人は、夢を見たとき、それが使えるかどうかを判断する「夢解き」に、夢を解いて（solution）

法隆寺の夢違い観音
（写真提供・奈良市写真美術館）

もらいに行きました。「陰陽師《おんみょうじ》」という人たちは、こういう仕事をしたらしいのですが、昔の絵巻を見ると、夢解きは圧倒的にお坊さんの仕事だったことがわかります。

お坊さんが出てくるくらいですから、夢を見させる霊的な力も仏教とかかわりが深く、その力はたいてい観音様からもらっていたようです。「観」、すなわち世を見るという漢字がついていることもあってか、観音様は夢を見せてくれる存在として大切にされ、昔の人々はみんな、観音様をおまつりしているお寺に、夢を見に通いました。

なかでも夢見をもたらす観音様を安置している長谷寺が有名です。法隆寺の夢殿をつくった聖徳太子も観音様を篤く信仰していましたし、今でも夢殿は観音様をまつっている聖徳太子の姿だといわれています。

夢を見て幸せになった男の話

室町時代の絵巻「福富草子」は、お坊さんのところに、自分が見た夢を解いてもらうために通ったある男の話です。夢そのものは、どうというほどのこともなく、ちょうどみかんの大きさくらいの鉄の鈴をいただいた夢を見たと、それだけなんです。夢解きのお坊さんに話したところ、それは非常によい夢だといいまして、鈴だから音が出る、この鈴は、あんたの体内から音を出す、これであんたは幸せになる、だから音を出すということを実現すれば、これは正夢になりますよ、というわけです。

男は思案をめぐらして、身体から出る音、それなら「おなら」だと気づいてからは、さまざまな音をおならで出す方法を学びました。そして、妙《たえ》なるおならの音を出していたら、それがいつのまにか芸になって、たくさんの人が見物に来て、ついに噂は立派な貴人の耳にまで達しました。いっぺん聞かせてみろというので、鳥の鳴き声やらいろんな音をおならで演奏して、確かに臭いことは臭かったんですが、あまりにおもしろいので、たくさん褒美をいただいて大金持ちになりました。

このように昔の日本人は、現実に役立つものして、夢見ることを大切にしていました。

夢の売り買い

こんな話をきくと、人々は、「いい夢をなるべくたくさん見ること」を目標のひとつにするようになり、中世くらいになると、これが高じて、他人が見た「いい夢」を買ってしまおうという「夢買い」が盛んになってきます。

鎌倉幕府をつくった源頼朝の妻・北条政子は、夢買いのチャンピオンで、妹が見た夢を買い取って自分の夢にしてしまったために、頼朝の奥さんになれたといわれています。陰陽道を日本にもってきたといわれる吉備真備《きびのまきび》という有名な奈良時代の学者も、他人の夢を買ったそうです。ある良家のぼんぼんが、「私は国司《こくし》になれる夢を見た」といって、夢解きをしてもらいました。今でいえば高級官僚か東京都知事ですが、「あなたならなれますよ」、といわれて喜んで帰って行きました。ところが、たまたまそれを立ち聞きした下級官吏の息子が、「あの夢、俺に売ってくれ」といってその夢を買い取り、吉備大臣《きびのおとど》と呼ばれる大臣になって出世を遂げたということです。

このように、夢は売り買いされるものでしたが、売り買いができなければ、自由に望みの夢を見られる人に自分のかわりに夢を見てもらおうというわけで、今度は、夢見のお坊さん、夢見僧などというのが出てきました。夢はまさに商品になってしまったのです。

「夢枕」という言葉がありますが、僕は、夢を見るためのひとつの装置が枕だったのではないかと思います。天皇や聖徳太子が夢を見るためには、おこもりの場所をつくって、その中に床を敷くなど、大掛かりなしかけが必要でした。これを庶民がまねたときに、だんだんといらないものをはぶいて残ってきたのが、日常生活に使っている寝具で、その最後のひとつが枕だったのでしょう。夢枕という言葉は、枕が夢を見るためのひとつの装置であることを意味していると思います。枕はまた、頭を乗せる以外に大切なものをしまっておく入れ物でもあり、夢もその中にしまわれていたと考えられます。

「幻」――文化を栄えさせるタネのある夢

ないものを見るヴィジョンの二つめは、「幻」です。夢まぼろしというとおり、ありえないものや見たいもの――たとえば神の姿など――を見る現象のチャンピオンです。

夢は、自分や他人が眠って見るものです。幻も、夢と同じく、ありえざるものを見て、たくさんの人がびっくりしたり、感動したり、怖がったりしています。しかし、「幻」は、「夢」とは見方が異なります。「夢枕」という言葉には、夢が眠る時の現象であることが表れていますが、幻もまた、「術（アート）」という字をつけた「幻術《げんじゅつ》」という言葉にその本質を表しています。幻術とは、手品や目くらましの妖術、つまりマジックを使って見えざるものを見せるバーチャルリアリティ技術のことです。だから、覚醒の世界で夢を見せてしまうテクニックのこと、ともいえましょう。眠っていないわけですね。

仏教や暦など、昔、中国や朝鮮半島を通ってもたらされた数多《あまた》の文化のうち、忘れてならないのが、通称「散楽《さんがく》」と呼ばれるマジックです。これは、曲芸や手品、操り人形など、趣向を凝らしてありえざるヴィジョンを見せ、観客を驚かせるような術です。ですから、寝ると見られる夢に対し、まぼろしはテクニックやアートといった人為的な「見せる技術」が必要だといえます。

夢を見ておならをしながら大金持ちになった人よりも、もっと現実的なおもしろいまぼろしを見せようとしたら、タネもしかけも必要です。幻は、いうなれば、タネの入った夢なのです。織田信長が、「夢まぼろしのごとくなり」と言ったのは、寝て見る夢も、誰かがタネをしかけた舞台装置や見世物のまぼろしもすべて含め、この世に生きているということは、あってなきがごとし「仮想」を見ているようなものだという意味だったのでしょう。

しかし、われわれは、このまぼろしを食べながら精神文化を栄えさせてきました。身近なまぼろしには、小説や物語があります。つらつらと文字が書かれているだけなのに、それを読んで笑ったり泣いたりするのは、まぼろしのバーチャルリアリティに感動しているわけです。なぜまぼろしに感動できるのかというと、われわれの大脳が、夢まぼろしと現実との区別を、まったくつけていないためだと思います。

小説で泣かせるのは、まさにまぼろしの機能であり、かならずしも現実に根がなくても、立派に文化として成立します。このことは、龍や河童やお化けなどの文化が日本に伝えられてきたことからもわかります。人間がつくった資本主義や共産主義も、河童と似たようなものなのかもしれませんが、文化という面において、「幻」は、非常に重要な役割をもっています。

「影」――メディアに映し出される夢

夢の三つ目のヴィジョンは、「影」と書きますが、読み方は「よう」です。「幻影」の「影」もまた、ありえざるもののことです。それでは、夢と幻と影は、どうちがっているのでしょうか。「まぼろし」は、人間が手練手管で作り上げたタネのある夢でしたが、この「影」と呼ばれるものは、メディアをもった夢だと、僕は考えています。身近なメディアは写真のフィルムですが、日本語で写真を撮ることを、「撮影」といいます。つまり「影」が絵としてフィルムに浮かび上がってきます。

眠りの中で見る「夢」は、観音様や霊魂の力によって、霊感としてわれわれに与えられ、霊感がない人は人工的に「幻」を見るわけです。しかし「影」を見るには、写真のフィルムのようなメディアが必要です。逆にいえば、フィルムがあれば映る夢――それが影なのです。この「影」という字を使った言葉で、「夢」と非常によく似た昔からの現象が、「影向《ようごう》」です。これは、夢が眠りではなくメディアを通して現れてくる現象をいい、水や石の上に映像が浮かぶのが、典型的なパターンとされています。

メディアとしての影向石

神社などには、必ずどこかに影向石《ようごういし》というものがあります。これは、その石の上に観音様や空海などの偉いお坊さんや、聖なる精霊のイメージが映し出されてきた場所で、影向石は一種のイメージ伝送装置、霊の世界からイメージがこの世に伝わってくるファックスのようなものだといえます。

夢は、人体の内部（脳）に現れてくる映像でしたが、人体の外にある自然の中にも、石をはじめたくさんの伝送装置があり、そこに映し出されたものが影なのです。仏様やお釈迦様、あるいは観音様が浮かび上がった場所に、神社やお寺が建てられた例はたくさんありました。

いちばん有名なのは、東京の浅草寺です。兄弟の漁師が海で網を引いていたら、小さな観音様を見つけました。その観音様が夢に出てきて、「私を秘仏にして寺をつくりなさい」と言われ、浅草に浅草寺ができたのです。まさに影が、海、あるいは水というメディアを通して映し出された例です。

影向は、石に浮かび出ることが多いのですが、日本ではよく石や木の枝先にも神様が宿る、といわれます。石や木の枝先が影向のメディアとなって神様の姿を映すということは、これらの自然物が、われわれに代わって夢を見てくれていることでもあります。

福島県に、昔から「文知摺石《もじずりいし》」という名所があります。大きな石がごろんとあるだけなのですが、「文知（文字）」は、「筋」と同じで「模様」を意味し、石の表面には非常に不思議な、たおやかな模様があるのです。平安時代には、忍草《しのぶぐさ》という草から取った染料を石になすりつけて、その上に絹を置き、上からばれんのようなものを押しつけて染め物をしました。こうして文字摺をすると、人間が手で描こうとしても描けない幾何学的な模様ができたのです。忍草などを染料にしたために、「文知摺石」は恋の歌枕となりました。平安の貴族は、デートのとき、たぶん、この文字摺で染めた服などを着て、いそいそと出かけて行ったのでしょう。

福島市にある文知摺石（田中裕子氏撮影）

想いびとが石や井戸に浮かび出る

この文知摺石のある福島県は、その昔、辺境の地で、都から天皇の血筋を引いた罪人が流されてきました。中に、源融《みなもとのとおる》という人がいました。相当悪さをして流されてきて、文知摺石のある不便な田舎で暮らすことになりました。その地に、染め物をしている虎女《とらじょ》という娘がおり、二人は恋仲になりました。ところが源融は貴族ですから、やがては許されて都に帰る日が来て、恋人どうしは引き裂かれてしまったのです。

離れ離れになっても、虎女は、恋しい融様の顔を見たいと、恋焦がれて観音様にお参りをし、お祈りしますと、そこはやはり夢を見せてくれる観音様です。「あなたに融さんを会わせてあげましょう」といって、その文知摺石の上に、融さんの姿を映し出してくれたのです。以来、石は「影向石《ようごういし》」と呼ばれ、遠く離れた想いびとの顔が映ったといって非常に大切にされ、そこに観音様のお堂ができました。

同じ福島の安積山《あさかやま》にも、影向の力をもつ「山の井戸」があります。

葛城王《かつらぎのおう》という貴族が流されて、この地に住まったとき、采女《うねめ》が、おそば係として仕えていたところ、たいそう気に入られ、貴族が都に戻るときに、一緒に連れて行かれてしまいました。その采女は結婚していましたので、夫婦は泣く泣く別れました。引き裂かれた二人は、何とかお互いにもう一度顔を見たい、会いたいと思います。そのときにこの影のメディアが役に立つわけです。

あまりに夫が恋しいので、都に連れて行かれた采女は、猿沢の池に身を投げて自殺してしまいました。一方、国元に残された夫は、妻の面影を見たいために、妻がよく水を汲んだ「山の井戸」に毎日行っては、水面をずっと眺めて、妻がここに映らないものかと待っていました。ありえないヴィジョンを水の上に見ようとしていたのです。

すると自殺した妻の采女が、その井戸の水の中にある日、ぽっかりと浮かび上がりました。夫は大変驚いて、その井戸から妻のなきがらを取り上げて手厚く葬ったそうです。死んでいたけれども、こうして二人は会うことができたのです。

これは、まさに影向が、メディアとして働いたことを物語る逸話だと思います。夢枕という言葉では夢に対して「枕」があり、幻術では幻に対して「術」があるように、影に対しては、「影向石」があるのだと思います。石は、影が出てくる枕といってもいいでしょう。

神社の縁起となった石枕

今、まぼろしと影との関係を言いましたが、夢と影との関係も、やはり石に象徴されると思います。石と枕の役割はよく似ていて、人体に夢を見させるのが枕だとすると、影向の場合は、石や水に同じ機能を果たさせたのではないかと考えられます。

これを裏づけるかのように、浅草寺の奥の末寺のひとつに「石枕」が寺宝として伝わっており、これにまつわる非常に変わった伝説があります。

話は、四国の安達ヶ原の鬼婆伝説と同じように、一軒家に住んでいるおばあさんのところに旅人がやってくるところから始まります。おばあさんは親切におかゆを食べさせて旅人を泊めてやり、「うちには夜具はないけれど、枕だけならありますよ」と、石の枕を旅人に使わせます。夜中になると、おばあさんはキイコキイコと研いだ出刃包丁で、寝ている旅人を殺してしまいます。この時に、石枕で頭をぐしゃっと割るのですが、やがてこの石枕が寺の宝になるのです。

なぜこんな恐ろしいものが宝になったかというと、あまりむごいことをしているので、ある時観音様の化身が石にあらわれて、老婆をこらしめ、心を入れ替えさせたという話が伝わっています。つまり、この石は、観音様が出てくるひとつの伝送装置の石であり、同時に、人々を安らかに眠らせ夢を見させる装置の枕でもある——これらの接点に、石枕があるのは大変おもしろいことです。

「夢よ、夢よ」

そんなふうに、ありえざるものは、人間にも自然物にも、映し出されたり、消えたりしています。その中でわれわれは、自分たちがいちばんコントロールしやすく、自分の信仰心や幸福にいちばん関係の深い「夢」というものに、ずっと注目してきたのだと思うのです。だから、枕でも文知摺石でもなく、夢が、売られたり買われたりしたのでしょう。

このように考えますと、存在しないものを見るという現象は、「夢」、「幻」、「影」という三つのかたちの中に、そのすがたとはたらきが表れたものだといえるのではないでしょうか。そして最終的には「夢」、「幻」、「影」がひとつのセットになって、われわれの中にさまざまなイメージを映し出すとともに、予知などの不思議な現象を起こすきっかけともなっているのではないかと思います。

われわれは今でも鏡を使いますが、この「鏡」という言葉の語源のひとつは、「影を見る」なのだそうです。つまり、われわれはみな、ひげをそったりお化粧をしたりして、毎日自分の影を目にして、自分がどんどん夢のような姿になることを影の中で見ているのです。
「鏡よ、鏡よ」という魔法の呪文は、「夢よ、夢よ」という呼びかけと同じ意味なのかもしれません。

（荒俣　宏）

長谷寺の山門（北浜邦夫氏撮影）

大和初瀬の長谷寺は『源氏物語・玉蔓《たまかずら》』の舞台として有名である。むかし、徳道上人が泊瀬川に捨てられていた大木で十一面観音を彫ろうとして祈っているときに「北の峰の埋もれたる巌《いわお》を掘り出してその上に観音像を安置すべし」との夢のお告げがあった。以来、参籠《さんろう》することで夢を授けてくれる聖地となったが、のちに代参でもよくなった。『蜻蛉日記』『枕草子』『更科日記』にその当時のありさまがいきいきと描かれている。もっとも有名な物語が今昔物語にでてくる『藁《わら》しべ長者』の話である。（編集部）

2　座禅と日本文学にみる夢

瞑想中の眠け――昏沈と煩悩

座禅は瞑想修行の基本として古くから行われてきました。仏教では無念無想の境地を三昧境《ざんまいきょう》と呼びますが、修行僧はこの境地に達しようと、ひたすら座禅に打ちこみます。静寂な道場で、結跏趺坐《けっかふざ》して不動の姿勢をとり、呼吸を整えます。不動の姿勢というのは、胡坐《あぐら》をかいた状態で背筋をしっかりと伸ばします。正面から見れば背筋はまっすぐに、横から見ればきれいな湾曲をつくっている、もっとも安定した姿勢です。

目は半眼にして頬と鼻のあたりの輪郭線がかすかに見える程度に視線を落とします。これでおよそ一メートルほど前方に視線を落とした状態になります。目を閉じると眠けがやってきます。目を開けていると眠けは抑えられますが、気が散って視線が動き瞑想を妨げます。あまり大きく目を開けていると、眼球が乾燥しますので瞬きが多くなり、これも集中を妨げます。目を半眼に開くことは覚醒を保ち、なおかつ眼球の乾燥を抑えて精神を集中させるのに重要な役割を果たしています。こうして準備が整いましたら、静かに禅定《ぜんじょう》に入ります。

ところが薄目を開いていても眠けが繰り返し襲ってきます。これを昏沈《こんちん》と呼びます。美しい表現ですが、悪魔のしわざですからこれと戦わなければなりません。修行を妨げるさまざまな悪魔のうち、眠けは睡魔と呼ばれ、煩悩魔を伴って修行僧の心に忍びこみ、さまざまな煩悩で心を埋め尽くして修行を妨げます。

そこで両耳に錐《きり》や小柄《こづか》を挟み、居眠りが始まって姿勢が崩れるとこれがひざに落ちて突き刺さり、その痛みで目が覚めるという居眠り防止の策をとったりしました。まさに血のにじむ修行に耐え抜いた人だけが、三昧境に到達できたのです。現在の道場では、居眠りを監視する当番僧が巡回し、睡魔に負けて不動の姿勢が崩れた人のわずかな揺らぎも見逃さず、警策《きょうさく》という細長い板で肩をパシっと打って眠けを払います。一時間もするとあちこちで小気味よい警策の音が響きます。座禅修行が睡魔や煩悩魔との闘いであることがわかります。

座禅と脳波

睡魔が煩悩魔を伴って心に忍びこむという言い伝えと、入眠期にさまざまなイメージ（心象）が湧き起るということは興味深い対応をなしています。シュルレアリスムの芸術家集団はこれを、「解放された心が描く無垢で美しいもの」と讃えました。一方、座禅修行で「無」を追求した人々には、あるはずもない幻影が去来することは奇怪千万、悪魔のしわざと考えました。悪魔に勝利した僧侶が高く評されたとすると、日本人の入眠時心象嫌いはこのあたりにルーツがあるように思われます。このことを科学的に研究した人々がいます。座禅中の脳波を記録して、その意識状態を分析していますので、簡単に紹介します。

東京大学の笠松章先生と平井富雄先生は、共同研究で、三昧境に到達した高僧の脳波を記録して、その意識状態の変化を分析しています。座禅中の脳波パターンは四段階に分けられます。次頁の図はその代表的なパターンを時間経過と合わせて示したものです。

熟達した老師も座禅に入る前は普通の高齢者ととくに変わるところはなく、笑うとベータ波が現れたりしています。ところが、結跏趺坐して不動の姿勢をとり、目を半眼に開いて瞑想に入ると、50秒後には11～12 Hzのアルファ波（4章・「入眠期の心象体験」参照）が出現します。

普通の人が薄目を開けると、アルファ波は消えます。完全に目を閉じると再びアルファ波が出現します。アルファ波は目の開閉に敏感に反応します。例外として断眠状態など強い眠けで朦朧《もうろう》としているときには、目を開けるとアルファ波が現れ、目を閉じると消失するアルファ波の逆説的出現が起こります。これは脳波段階と覚醒の関係が一段階ずれてしまうためで、目を閉じると安静を通り越して睡眠状態に入ってしまうので、脳波からアルファ波が消失します。目を開けると少し覚醒水準が上がるので睡眠脳波が抑えられ、安静状態のアルファ波が現れます。強い眠けの状態では、アルファ波が現れる程度に回復するのが限界で、はっきり目覚めたときに現れるベータ波の活動は見られません。

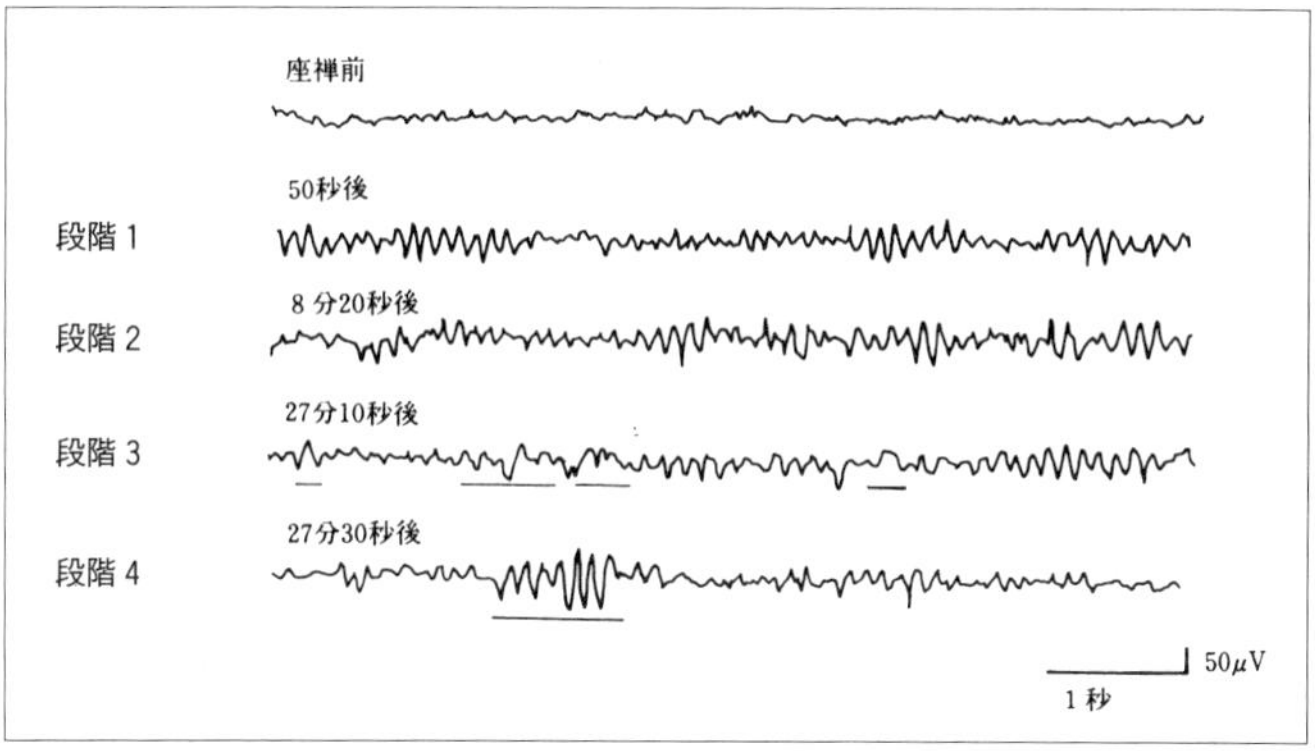

座禅中の脳波パタン（笠松・平井、1966）

半眼にした老師の脳波はそのどちらでもない、座禅特有の脳波状態であることがわかります。禅定が深まると、アルファ波の連続性が増し、振幅も大きくなります。これが段階2（8分20秒）です。さらに瞑想が深まるとアルファ波の周期が延長して、周波数が7～8 Hzに下がります。また、4～7 Hzのシータ波（グラフのアンダーライン）も現れます。これが段階3です。27分30秒経過した時点で、最も深い禅定に到達したときの脳波パターンが出現しています。70～100マイクロボルトの高振幅で律動的なシータ波が群発（アンダーライン部分）します。これが段階4です。

普通、周波数の低いアルファ波と律動的なシータ波は入眠期のうとうとした状態で出現し、数分間で睡眠に移行します。もちろん半眼の状態も不動の姿勢も保つことはできず、舟をこぐような大きな体の揺れが起こります。ところが老師は、不動の姿勢を保っています。普通の人に認められる脳波と行動の関係とはまったく異なり、三昧境が睡眠状態、あるいは入眠期と異なる意識状態であることがわかります。背筋をしっかり伸ばして覚醒を保っていますが、脳の活動は入眠期と変わらない。

シュルレアリスムの芸術家集団は深い眠りに入らないように注意して、できるだけ鮮明なイメージ体験が得られるように工夫しました。これとは逆に無念無想を求めた禅僧集団は、余分なイメージが野放しにならないようにコントロールする方法を編み出しました。この二つの集団はどちらも、入眠期の意識状態に精通していましたが、求める方向がまったく異なっていたことは興味深いことです。

無を求めて瞑想することに熟達すると、このような不思議な意識状態を維持できるようですが、そこに到達するには、何度となく睡魔に屈して入眠期に入ってしまい、さまざまなイメージの来襲をうけたはずです。不思議な光明が見えるレベルであれば、宗教的な神々しさに感動したかもしれませんが、やがて地獄が口を開いたかと思うと、まっ逆さまに落ちたり、天まで吹き上げられる。まさに地が裂け、天が吼えるというこの世の地獄を体験します。修行中の身で思い浮かべることすら許されない物や人の姿が、鮮明な映像となって現れる。煩悩がことごとく姿かたちを備えて湧き起る。

無念無想とは程遠いできごとはすべて入眠時心象のしわざですから、修行僧にとってイメージを楽しむなどということはありえません。こうして、眠けを睡魔と呼び、湧き出でるイメージを煩悩魔のしわざとする不眠の美学が育ったのは当然のなりゆきであったように思われます。悪魔のしわざと思えば不気味なできごとですが、修行から離れた世界ではそろそろお互いに歩み寄って、入眠期のイメージ体験もそう悪いものじゃないということにならないでしょうか。

日本人と色彩夢

入眠期の視覚イメージには色がついており、エルヴェ・ド・サン＝ドニ侯爵（一八六七年）が幾何学模様など入眠期前期にみられるイメージを美しい彩色で記録に残しています。残念ながら日本では、入眠期イメージ体験があることすら知られておらず、ごく最近になって睡眠実験室での研究が進み、入眠期中後期では微小夢（マイクロドリーム）と呼びうる夢に良く似たイメージ体験が起こり、多くの場合鮮やかな色彩を伴っていることが報告されるようになりました。

一般に私たちが夢と呼んでいるものはレム睡眠の夢と考えてよいと思いますが、夢に色があるかないかは、個人によって、また世代によってかなり偏っているようです。眠りと夢についてお話しすると、必ずといってよいほどに色のついた夢についての質問が出ます。わが国には色のついた夢を見たと口にすることに躊躇《ちゅうちょ》する精神風土があるようです。これは、色がついている夢を見る人よりも、色のついていない夢を見る人のほうが、ずっと多いことに関係しているのかもしれないという調査結果があります。順天堂大学医学部の懸田克躬《かけだかつみ》先生が一九五七年に医学部の学生40名を対象に行った調査によると、夢に色があると答えた学生が37%、ないと答えた学生が63%で、色がないという学生の方が多いという結果になりました。また、普段から色に興味のある人は音楽に興味がある人よりも、色のついた夢を見る人が多いことがわかりました。

3人にひとりが色つきの夢を見ている

当時はカラーテレビもなく、映画もほとんどが白黒の時代でした。幻想の世界はすべて水墨画のように色をもたないのが普通でした。この時代に少数派ながら3人にひとりは色のついている夢を見ているのだということを、具体的な数字で明らかにしたことは、大変重要なことです。10年後に調査した結果では、この割合が2人に1人の割合に接近します。カラー映画はもちろんのこと、カラーテレビが普及しNHKのすべてのテレビ番組がカラー化するのが一九七一年ですから、色彩環境が大幅に変わっています。

この調査は徳島大学医学部の松本淳治先生が実施されました。一九六八年の調査では、116名の学生のうち色彩ありが57%、色彩なしが43%で逆転します。

この調査報告でわかったことは、色のついた夢を見るのは天才など特殊な才能に恵まれた人か、精神に異常をきたした人だと思いこんでいる人たちが存外多いことで、健康な医学生の3人にひとりが色のついた夢を見ているという事実を明らかにした懸田先生の調査は、色彩夢に関する偏見と俗説を正す力になったと思われます。それ以後一九七一年に189人で、一九七五年の調査では医学部、薬学部、教育学部の学生219人を対象に実施し、色彩の「あり」と「なし」の人数はどちらの調査結果でもほぼ半数ずつ（48％対52％、51％対49％）という結果を確かめておられます。

あらゆる映像に色がついていて当たり前の環境になっても、色彩夢の割合が圧倒的多数を占めているわけではありません。色つきの夢を見る人と色のない夢を見る人は、ほぼ半々で安定しています。これが実態に一番近いと考えて良いと思います。この10年で色がついていると報告する人の割合が40％台から50％台に増えてきたことは、環境の変化よりもこのような調査研究と科学教育により、それまでにあった偏見が影をひそめた成果と考えることができます。

また、松本先生の調査結果でも、色彩夢を見る割合を趣味と関連づけて分析すると、絵画に興味のある人は、ない人よりも夢に色がついていることが確かめられた一方、色彩に関心があっても色彩夢の経験がない人が30～32％もいます。つまり、夢に色がついているという人もいれば、ついていないという人もいる。どうしてこのような差が出るのかはまだわかっていませんが、現在のところこれは単なる個人差であって、天才や精神の異常、正常とはまったく関係ないことだというところにようやく落ちつきました。この問題で悩んでいる人がいましたら、もう大丈夫といってあげましょう。

万葉集にみる夢の色彩

いつごろから夢に色がついていると異常であるという俗説が出回ったのかは定かでありません。日本人はもともと夢に色があるかないかに、とくにこだわりをもっていなかったようです。古いお寺の縁起物語などの絵巻物には、しばしば夢のお告げが出てきますが、お告げの内容を示す部分も色鮮やかに彩色されており、そこだけ水墨画をはめこむということはしていません。

さらに上代にさかのぼって万葉集を調べてみますと、色のついた夢が、おおらかに歌われているのがわかります。万葉集全巻中、夢（いめ）という単語がある歌は99首にのぼり、そのうち色のない「しろたえ」と「ぬばたま」をはずすと、色彩夢が2首ありました。

第一候補は11巻2621番に収録されています。

摺《す》り衣《ごろも》着《け》りと夢に見つ　現《うつつ》には　いづれの人の　言《こと》か繁《しげ》けむ

「摺り衣」とは草木染で色づけた着物です。染め方の技法は多様で、凝ったものですと模様を彫った平らな石に染料を塗り、この上に布を掛けてこすりつけて染め上げます。やや原始的な染め方ですが、複雑な模様を浮き上がらせることもでき、素朴ですが味わい深い仕上がりになります。ここではお洒落着、よそ行きの着物と考えてよいと思います。

この時代では夢の中で着物を着るということは、男女がむつまじい関係になる前兆で、この歌は、そのような危うい関係になる方はどなた、私はいったい誰と激しい噂になるのかしら、という恋の予感を歌い上げたものです。摺り衣の色が何色かは、はっきりしませんが、摺り染め特有の風合いと色使いがあったと考えてよいと思います。万葉集のほとんどの解説書でこの歌には「色つきの夢として珍しい」と注釈がつけられております。

第2候補は第11巻2786番の歌です。

山吹の　にほえる妹《いも》が　朱華色《はねずいろ》の　赤裳《あかも》の姿　夢に見えつつ

これは色がはっきり特定できることで有名な歌です。松本先生をはじめ多くの夢研究者が色彩夢の代表例として引用しています。「はねず」は初夏に咲いて赤い花をつけ、その色は変わりやすいとのことです。広辞苑によると、「庭梅、木蓮、庭桜の古語でその色は白みがかった紅」ということでした。歌の大意は、「山吹のように美しいあの娘の　はねず色の赤裳の姿が　ずっと夢に見えています」と、憧れの人の夢を見た若者の歌であります。山吹は緑の葉に黄色の花が鮮やかに映える低木です。そこでこの歌は、はねずの赤に黄と緑を加え、色の三原色が歌いこまれていると喜んだのですが、どうも糠喜びだったようで、同じ学部の古典の専門家である朝倉尚先生にお尋ねしたら、山吹は「におえる妹」を美しくたとえるための決まり文句で、山吹のように美しい人という意味で、そこに山吹が咲いているわけではないということでした。そこでこの歌では「白みがかった紅」が夢の中の色ということになります。

漱石の夢の「赤」

万葉集では夢に色がついていても、もじもじしていません。堂々と歌い上げておりますし、選者もこれを好しとして採択しています。確かに色のついた夢は少ないようです。99首で2首ですから。しかし、天才を気取ることもなく、異常と退けることもない。実におおらかであります。それなら、色つきの夢に対するタブーがいつごろから始まったかを探してみますと、時代が下ってもなかなか候補が見当たりません。日本には天才と異常を紙一重にたとえ、そこに普通ではない近寄りがたい断絶を設けるという思想はなかったのではないかと思わせるほど、候補が見当たらないのです。

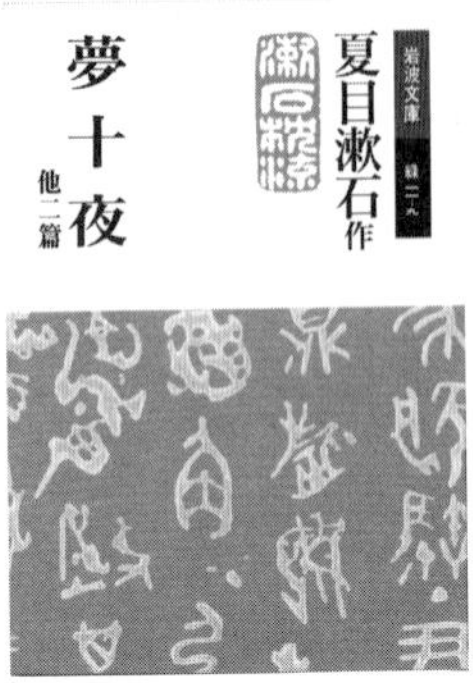

表1．文豪「漱石」は精神病者か天才か
「夢十夜」に現れる色彩夢

第一夜	「（女の）唇は無論赤い」
	「赤い日が……赤いまんまのっと落ちていった」
第二夜	「朱塗りの台」「朱鞘の短刀」
第三夜	「赤い字は井守の腹のようであった」
第四夜	「（爺さんは酒で）赤くなっている」
	「浅黄の股引・浅黄の袖なし」
第六夜	「松の緑」「朱塗りの門」
第七夜	「蒼い波」「蘇芳の色（黒味を帯びた赤）」
第八夜	「琥珀色の櫛」「赤い金魚」

十夜中七夜に出現　出現率 70%

そこで、思い切ってこのようなタブーはずっと近代になって現れた、比較的新しいものではないかと考えてみましたら、夏目漱石が候補にあがってきました。漱石自身がそのような偏見を持っていたというのではなく、漱石に対する思いからこのような俗説が生まれたのではないかという推理です。といいますのは、漱石は『夢十夜』で色のついた夢を堂々と書いています。漱石49歳の時の作品で、表に示しましたように十夜の夢のうち七夜に色彩夢が現れています。出現率70％でかなり高いといえます。赤がしばしば出てきます。

これまでの色彩夢研究では夢に出てくる色は緑が最も多く、次が赤で、黄色や青は緑の半分以下といわれていますが、漱石の夢では赤が一番多いようです。蒼い海や蘇芳の色など、薄暗いと色の識別がむずかしく、よほど色に詳しくないと見落とすでしょうし、見えてもうまい言葉が見当たりません。七夜の夢はその意味でかなりむずかしい。全体を見渡すと出てきた色は、赤、青、緑、黄色、紫で色のスペクトルのほぼ全体に広がっています。

表２．「漱石」の病と活動

夏目漱石（1867～1916年）		
	1894年（27歳）	神経衰弱の症状が現れる
	1901年（33歳）	イギリス留学　症状悪化
	1902年（34歳）	精神病発病の噂が広がる
	1904年（37歳）	東大で「文学論」の講義大人気 「吾輩は猫である」第１章執筆
	1907年（40歳）	朝日新聞社入社　連載開始
	1908年（41歳）	「夢十夜」を連載
	1916年（49歳）	胃大出血で死没

　このことと色彩夢のタブーの関係を調べるために、漱石の年譜をたどってみることにします。漱石は明治維新の前の年、慶応三年に生まれて、49歳で亡くなっています。彼は27歳の時に神経衰弱（現在の神経症の症状）が現れ、人間不信や抑うつ的な気分に悩まされたようです。33歳でイギリスに留学しますが、ここで症状が悪化します。とてもつらかったようです。このことが翌年には東京を中心に彼を知る人の間に伝わり、漱石はイギリスで精神病にかかってしまったそうだという噂が広まります。

　ところが帰国しますと彼は一変して元気を取り戻し、東大での「文学論」の講義は大人気を博します。大勢の学生が教室に押しかけ、席がないので廊下にはみ出して立ち見が出たといわれております。その一方で、帰国後も抑うつ的な気分に苦しめられていたという指摘もありますが、高浜虚子の勧めでユーモア小説『吾輩は猫である』の第一章に着手するなど、明るく元気に過ごしています。40歳で東大講師の職を捨てて朝日新聞社に入社し連載を開始します。これが次々とヒットし、大人気の天才小説家の名を不動のものにします。

『夢十夜』はこうした勢いに乗った時期の作品で、このあとすぐに『三四郎』の連載が始まります。このような名声が高まる中でも、神経症の症状がしばしば現れて苦しめられます。胃からの大出血で病没する八年前のことです。こうして漱石は天才という名声とともに、抑うつ的な神経症の苦しみを抱えこみながら色彩夢と正面から対峙しました。『夢十夜』に描かれたさまざまな色とその現れ方は、夢の不気味さを一層リアルにする役割を果たし、天才の故かそれとも精神の異常の故かが、後世気ままに語られることになりました。色彩夢のタブーがすべて漱石に端を発しているというのには無理がありますし、彼に気の毒でありますが、色のついた夢に不安を感じていた人々に「やはりそうであったか」と確信を与えたことは、まちがいのないところと思います。

私たちは、非科学的な俗説や偏見は江戸時代を遠くさかのぼって、大昔に生み出されたと思いがちでありますが、眠りと夢の世界では存外に明治以降、それも大正や昭和になってから現れたものが多いように思います。現代は過剰な科学志向の時代といわれておりますが、迷信深さもまた現代人の特徴を現しているのかもしれません。

（堀　忠雄）

夢まぼろしの能歌舞伎

フランス映画が好きでフランスに住み始めてから三十年たつが、いまだに足が地についていない浮き草のような、夢のような、まぼろしのような、フランス映画の画面にはまってしまったみたいな生活を送っていると、ただただ、むやみやたらに日本の文化が恋しくなる。「隣りの芝生があおく見える」、つまりいつも手に入らないものが欲しくなるのが人間の欲望というものかもしれない。日本にいたら絶対に読まなかっただろうと思われる『源氏物語』まで読んでしまうことになった。もちろん、瀬戸内晴美や田辺聖子や与謝野、谷崎の現代語訳を読みくらべてみてで、原典など、ちょっとのぞきこんでやめてしまうといった程度なのだけれど。

しかし読んでみて、作者の紫式部という人は夢やまぼろしをずいぶん物語のなかに組み入れているなあ、とつくづく感心してしまうのである。夢あるいはまぼろしにあらわれてくる人物は、生きたまま、あるいは死んでから、とりついたり、なにかを告げたりする。その時代は、世の中に多くの霊魂が存在して威勢をふるっていた時代なのであり、物忌《ものい》み、方違《かたたが》えなどが真面目に受け取られていたのである。

それでなくても、むかしから、夢は日本文化に取り入れられてきた。その一番よい例が「能」である。この舞台芸術に登場する主人公はいろいろであるが、「夢幻能《むげんのう》」といわれるジャンルでは、神、天人、鬼、幽霊、獅子、土蜘蛛《つちぐも》、みんなこの世のものではない。主人公であるこのようなシテのひとり勝手な話を聞かされるはめになるワキだけがかろうじてこの世の「実在？」の人物なのである。また同時に、われわれ観客でもある。そしてワキは「めざめてまぼろしを見ているのか」それとも「眠って夢を見ているのか」のどちらかなのであり、やはり、まぼろしを見ている、あるいは夢を見ているわれわれなのでもある。そして、舞台はやはり夢のように「暗い」。そして数を重ねて見ているうちに、この暗い舞台に自ら入りこんでまぼろしや夢を味わうのが、やめられなくなるのである。

『船弁慶《ふなべんけい》』は頼朝の手から逃げるために大物ノ浦《だいもつのうら》（いまの尼崎）から船出した義経一行が暴風にあって、滅びた平家の亡霊に悩ませられる筋書きである。幽霊が多くでてくるが、弁慶が五大尊明王《ごだいそんみょうおう》の呪文によって怨霊《おんりょう》を祈り伏せる。もちろん怨霊はすべてまぼろしなのである。悪夢のひとつと言ってもよい。また「物狂う」のもよい。『隅田川』や『斑女』では「面白う狂うて見せよ」や「面白う狂ひ候へ」の表現があるが、これは精神病ではなくて、よりましの笹を持ってまわり舞っているうちに、神懸かった狂乱状態になるのが「物狂う」という意味なのである。この『隅田川』の最後の段では母の耳には亡き子の念仏がきこえ、母の目には子の姿がまぼろしのようにあらわれる。

能の有名な曲目のひとつ『石橋《しゃっきょう》』の『石橋』とは清涼山の文殊菩薩《もんじゅぼさつ》の住まう浄土へかかる橋であるが、古来、流れや谷をまたぐ橋は、この世からあの世へと渡してくれる橋という意味でもあった。渡ってしまえば死んでこの世には戻れない。「橋戻り」というのは臨死体験をして死に損なってこの世に戻ってくることをいう。夢も生と死の間にあるものと考えられていた。ワキがこの橋を渡ろうとすると、童子《どうじ》があらわれ、「この『石橋』はすべりやすく深い谷底に落ちて命を落とすから渡ってはいけない」、と言って姿を消す。そのうちに獅子が牡丹の花のあいだを勇ましく舞い遊び戯れて千秋楽をことほぐ。その華麗な舞いはワキにとって、まぼろしでもあり、夢でもあったろう。

さて、能が「陰」なのに対して、その影響をうけた歌舞伎では「世話物」は別にして「荒事《あらごと》」は「陽」にみえる。舞台が明るいこともあるのだが、歌舞伎はあくまでも庶民むけの演劇であって、神さま（御霊神、荒人神）でさえ暗いところにじっとしていないで、人間の姿を借りて派手にでてくる。『暫《しばらく》』のような出し物では、馬鹿馬鹿しいほど単純でナンセンスで人間を超越した主人公《スーパーマン》『鎌倉権五郎』の、悪を懲らしめる振る舞いが、理屈などつけずに好ましく思える。ストーリーが滅茶苦茶でご都合が良いところなどまったく明るい夢のようだ。悪人をチョンチョンと切り捨てて意味不明の「ヤットコトッチャウントコナ」で花道をひきあげるところなど、夢で見たことがあるからつい嬉しくなってしまう。

といって怖いものもある。義経が平家の幽霊にあう『義経千本桜』はまさしく能の『船弁慶』のパロディである。それに『四谷怪談』や『番町皿屋敷』も思いだしたくないほど怖い。悪夢もしっかり演劇化されている。

以前日本に遊びに行ったのはちょうど新之助の海老蔵襲名があった時期で、もう席などなく、いつものように天井の席を長時間並んで手に入れた。これは非常にすばらしい制度である。ヨーロッパのオペラにもこのような席、天井桟敷がある。そういえば、フランスでの海老蔵披露公演も大好評であった。

さて、襲名公演のだしものは『外郎売《ういろううり》』、『菅原伝授手習鑑』と『傾城反魂香《けいせいはんごんこう》（通称ども又）』で、あいだに能『石橋』をもじった牡丹に戯れる『春興鏡獅子《しゅんきょうかがみじし》』があった。これは殿様の所望で御殿女中が優雅にひと踊りしたあと、文殊菩薩の霊夢によって秘蔵とされる獅子頭の精が御殿女中に乗り移り、獅子となって長いたてがみを振り立てて勇ましく狂い踊るという筋書きで、これは殿様あるいは観客の白昼夢なのだろうと思う。白昼夢というのは、「まひるにみる夢。また、そのような非現実的な空想。白日夢」（広辞苑）なのだが、優れた舞台芸術家の手にかかると白昼夢でさえこのような素晴らしいものに変わってしまう。

また、能と歌舞伎の共通点はやはり男だけが演者ということである。世話物での女形の演技ですっかり涙をこぼしてしまう。これは外見上あるいはふるまい上での女といった舞台の上の実在の具体像（実像）を、見る者が勝手に脚色して自分なりの理想像（虚像）をつくりだしてしまうからだ。つまり観客の脳の中にあらわれた「まぼろし（表象や心象、イメージ）」が涙をこぼさせるのであり、このウソを

高いおカネを払って見に行くのである。こんなウソにならだまされるのも悪くはない。これは「見えるウソ」である。ところが「見えないというウソ」もある。囃子方《はやしかた》や地謡《ぢうたい》などは見えてはいても見えていない約束事になっている。さらに黒子《くろこ》などはまったく見えないものなのである。

最後に、最大のまぼろしについて述べておこう。冒頭に述べた『源氏物語』のテーマのひとつはもちろん「恋」である。主人公の光源氏の脳裏には、幼時から周囲の者に言い聞かされてきた実の母親の「桐壺の更衣」のまぼろし（あるいは面影）がある。そして母に似ているといわれる「藤壷」（父の后）をひとめで好きになるが、元服してからは会うことすらできなくなって、源氏はかなえられぬ恋の地獄の苦しみに落ちる。その「藤壷」のまぼろしを追って、その姪である「若紫」を口説く、という筋書きになっている。恋の相手というのは、人生のある時期に心に刷りこまれる（インプリンティングされる）ものらしい。

ところで恋をすると、その相手に対して、自分の想い描くまぼろしや理想を勝手にあてはめてしまうことが多い。関係のない他人にとっては「どこが良いんだろう」と思うほどの相手でも、とにかく、「惚れてしまえばあばたもえくぼ」と言うように「恋とは不思議」なもので、なにがなんでも、好きになってしまう。無条件なのである。そうでなくては、人

類は滅びてしまう（言い過ぎたかな?）。

日光輪王寺《りんのうじ》での薪能《たきぎのう》では世阿弥作『恋重荷』をみた。とにかく、若い女に惚れた身分の低い爺さん「山科の荘司」が女にいいようにもてあそばれ、重いものを持ったら望みをかなえよう、と言われるが、持てずに恋のつらさを嘆いて悶々として死んでしまう。そして幽霊になって仕返しをしようとする。ところが、惚れた弱みがあるせいか、せっかく幽霊になって恨んで出てきたのに、爺さんは彼女を見るとまた惚れ直して彼女の守護神になってしまうのだから、恋の力はやはりたいしたものである。

よく「心中するほど好き、死ぬほど好き」と言うことがあるが、恋はほんの「はやりやまい」にすぎないものなのであって、相手の顔にまぼろしを貼りつけるだけなのである。「白昼夢」に近い。だから、結婚などすると、まぼろしの部分がはがれてきて、ケンカ別れということにもなりやすい。恋はやはり片想いでつらく悲しくなくては長続きしないようだ。そして、筆者の願いは「またつらい恋がしてみたい」ということにつきる。どうも人間というものは「まぼろし」に弱いようである。


（北浜　邦夫）

2章

夢を見続け四千年

1 『ギルガメッシュ叙事詩』から十九世紀までの夢理論の系譜

古代オリエントの世界でも行われた「夢判断」

夢というと、フロイトを中心とする「夢分析」が一方にあり、さらにレム睡眠に始まる生理学的な研究がもう一方にあります。しかし、どうもその二つは深い溝によって隔てられているようにみえます。私は、なんとかこれらを関係づけることができないか——と、そんな問題意識をもつようになりました。それには、歴史的に夢というものがどういうふうに考えられてきたか、そこから考えをスタートさせてはどうかと思ったのです。

旧約聖書の第一の書『創世記』よりもさらに古く、『創世記』に影響を与えたとされる『ギルガメッシュ叙事詩』は、現存する世界最古の叙事詩ですが、この中にいくつかの夢判断の例があります。

ギルガメッシュというシュメール人は、紀元前三千年頃に栄えたメソポタミアの都市ウルクの王で、実在の人物とされています。三分の一は神、三分の二は人間で、力と勇気はあるものの、きわめて傲慢だったために、神々はギルガメッシュのライバルとして、泥土からエンキドゥという勇士を創り出しました。

エンキドゥがウルクにやってくる前の晩、ギルガメッシュは夢を見ます。それは天空が自分に向かって降りてきて、自分ひとりの力では重くて動かせず、ウルクの国中の人々に手伝ってもらってようやく持ち上げた、という夢でした。この夢を、ウルクの守護神である、母なる女神に話すと、女神は「それは彼に匹敵する者がやってくる意である」と告げました。

この叙事詩に直接は出てこないのですが「ウルクの国じゅうの人々に手伝ってもらってようやく持ち上げた」というのは、これまでの傍若無人のふるまいをあらためて、人々と協力して町を治めなさいという意味でしょう。

その後、ギルガメッシュはエンキドゥと闘って引き分けて親友となり、ともに手をたずさえて森の怪物フンババを倒したりと、さまざまな冒険をしますが、この叙事詩には節目節目で夢判断が登場します。

『ギルガメッシュ叙事詩』や旧約聖書からうかがうことのできる古代人の夢理論では、夢が、「神や精霊のような超自然的な力によって引き起こされるもの」と考えられているようです。とりわけ、夢が未来の予知となるという考えは相当古くからありました。ただし、未来の光景をそのまま夢に見ることは少ないので、その意味を解釈しなければならず、そこから夢判断の方法が発達したと思われます。

「エジプトのファラオが気がかりな夢を見た」

「ファラオのふたつの夢」という大変有名な話があります。少なくとも紀元前十二世紀よりも前、夢占い師が活躍していた時代のことです。エジプトのファラオが見た夢の意味を夢占い師たちが解けずにいた時、奴隷のヨセフがその夢を解読してファラオに告げると、その通りになり、ヨセフは出世した、という話です。

「ファラオのふたつの夢」

エジプトのファラオ（王）が見た気がかりな夢とは——。

ファラオがナイルの岸に立っていると、河から七頭の肥えた牝牛があがって来て、牧場でたらふく草を食べた。するとその後から、七頭の痩せた牝牛があがって来た。やせた牝牛は、牧場にいた肥えた牝牛を食べてしまった。そこでファラオは目を覚ました。

再び眠って見た二番目の夢は、一本の麦の茎に七つのよく実った穂がついていた。するとその後から、七つのしなびた穂が出てきて、みのった穂を食い滅ぼしてしまった。そこでファラオは目を覚ました。

奴隷のヨセフは、この夢を次のように解釈した。

七頭の肥えた牝牛とは、豊作の七年のことである。七つの実った穂も豊作の七年のことである。七頭の痩せた牝牛とは七年の飢饉のことであり、七つのしなびた穂も七年の飢饉のことである。このふたつの夢は、いずれも、エジプトの国に豊作の七年があって、その次に七年の飢饉が起こり、国は滅びてしまうだろうという予言である。

それは神のなそうとしていることであり、そのため神は、ファラオにそれを告げたのである。「豊年の七年のうちに食糧をたくわえ、飢饉の七年に備えなさい」と。その後、その通りのことが起こり、ヨセフの予言通り飢饉に備えたファラオは、エジプトの危機を救うことができた。

このヨセフは旧約聖書のモーゼの一族のもとになっていますが、古代オリエント世界にあっては、夢は「意味があるもの」、「解釈しなければならないもの」と考えられていたことがわかります。このような夢の「有意味性」と「解釈技法」が、二〇世紀のフロイトやユングなど、深層心理学的な夢理論に受け継がれた基本的な考え方です。

実際、私が大学で夢の話をすると、学生から「こういう夢を見ましたけど、どういう意味でしょうか」というような質問が授業のあと必ずといってよいほど出てきます。それだけ現代でも、みんなが夢に関心をもっているのだといえるでしょう。

ヒンドゥー教における夢と意識状態

旧約聖書がヨーロッパを含むユーラシア大陸の西半分の国々にとっての古典なら、インドには、ヒンズー教や仏教のもとになる「ウパニシャッド」という聖典があり、このウパニシャッドにも夢についての考察が出てきます。

それは『創世記』のアプローチとは異なり、「睡眠中に自我はどうなるか」といった哲学的な議論がなされます。ウパニシャッドでは自我を「アートマン」と呼びますが、夢に入るときアートマンは「現実をかたちづくる五感の世界から、それぞれの要素を少しずつ夢の世界のなかへ持ちこみ、そこに現実世界の模型ともいうべき自分だけの世界をつくり、自らの光でこれを照らすのだ」と説明されています。

さらに、ウパニシャッドの中でもやや新しい「マーンドゥーキァ・ウパニシャッド」によれば、アートマンには四つの状態――これを四位といいます――すなわち、醒位《せいい》、夢位《むい》、熟眠位《じゅくみんい》、そして第四位の意識状態があるとされ、この第四位は、「意識の動きがなく歓喜に満ちている点は熟眠と同じであるが、無意識ではなく純粋で清澄な意識である」というのです。後世、第四位は、一般に三昧《ざんまい》または禅定《ぜんじょう》の意識といったかなり超越的な意識状態であると説明されます。

つまり、ウパニシャッドでは夢の意味の解釈のかわりに、まず夢のメカニズムの探究があって、次いで覚醒や夢、熟眠、そして第四の意識状態と、意識そのものが主題となっているのです。

最近は、瞑想状態やシャーマニズム、ドラッグにおけるトランスなど、変化した意識状態（意識変容状態）への関心の高まりから、国際的な意識科学の研究も進んでいます。意識を多角的に理解するためには、夢とあわせて意識変容状態の研究が欠かせず、また、意識を十分に理解してはじめて「夢とは何か」に答えることができるだろうと、私たちは考えているのです。

「夢の意味は何か」と「いかにして夢が生まれるのか」。そして「夢の意識状態と他の意識状態はどうちがうのか」。これらの問題への探求の成果をあわせれば、そもそも「私たちはなぜ夢を見るのか」という最も根本的な謎にも近づくことができるかもしれません。

ギリシャの夢判断

紀元前二世紀頃のローマ時代に、古代世界の夢判断の方法を集大成したのはアルテミドロスというギリシャ人でした。著書『夢判断』では、夢が五種類に分類されています。中で、「夢」、「神託」には超自然的な説明、「空想」では心理学的な説明がなされて、フロイトの願望充足説に通じるものがあります。

また「幻想」は、「まったくの夜の幻影である。虚弱な子どもや未開人に現れるもので、えたいの知れない怪物がやってきて危害を加えるように見えたりするもの」という説明からわかる通り、日本の金縛り、西洋の悪夢《ナイトメア》などにあたると想像できます。

アルテミドロスの夢判断でフロイトが高く評価しているのが、アレクサンドロス大王の夢の例です。アレクサンドロス大王がペルシャに攻め入ったところ、テュロスという都市がなかなか陥落せず苦戦していたある夜、王は、サテュロス神が自分の盾の上で踊っている夢を見ました。そこで夢占い師を呼んで判断をさせたところ、占い師はサテュロス（satyros）の綴りについて連想し、それを「sa tyros」と分解しました。これはギリシア語で「汝のテュロス」という意味となり、「テュロスはもうすぐ大王のもの」という予知夢だというのです。王は大いに力づけられ、ほどなくテュロスを陥落させました。

フロイトは、この解釈が、たとえば「火事の夢は金持ちになることをあらわす」といったように、夢とその意味とを一対一で対応させるのではなく、夢の部分的要素に焦点をあて、いろいろ連想し、連想結果を総合して解釈している点を評価しています。これはフロイトの夢解釈の技法そのものにほかなりません。

アルテミドロスはまた、夢解釈で用いられている夢の法則は、時と場合によって、あるいは人によって異なるものであり、すべての人に当てはまるものではない、と述べています。しかし、その後出版された多くの類書では、一対一対応による夢解釈が用いられたために、夢分析と称されるもの全体が、ナンセンスなものになってしまったのです。

近代の夢理論

十七世紀から十九世紀にかけての啓蒙の時代は、理性が重んじられるにつれて夢の重要性がおとしめられた時代といえます。ナンセンスに思える夢でも、夢は重要なメッセージをはらんでおり、解釈によっては意味深い内容を読み解くことができるという考え方が、否定されたのです。たとえばイギリスの哲学者ホッブス（一五六五～一六四六年）なども、夢を「純粋に生理的な現象である」と説明しています。

十九世紀に入ると、医者やアマチュア学者の趣味として、「睡眠中の外部刺激と夢内容との関係」についての実験的な研究が行われるようになりました。代表的なのはフランスのモーリ（Maury）で、著書『睡眠と夢』（一八六一年）の中で、自分が眠っている間に、唇と鼻先を羽毛でくすぐらせたとき、おそろしい拷問に遭った夢を見たと述べています。

夢研究の三大先駆者

フロイト以前の夢研究の三大先駆者とは、このモーリ、『夢の生活（Das Leben des Traums）』を著したシェルナー（Sherner）、そしてエルヴェー・ド・サン＝ドニ侯爵のことです。

シェルナーは、ある夜、男の子が二列に向かい合って並び、近づいては殴り合ってまた離れる、という夢を見て、「歯の噛み合せの運動」という身体的な感覚が、夢に象徴化されて出てくることを発見しました。また、夢に出てくる「家」が人体を象徴していたり、性器の象徴として、男性では、「高い塔」や「パイプ」、「クラリネット」など、女性では、「狭い中庭」、「昇らなければならない階段」などが出てくることも指摘しています。ここからも、シェルナーがフロイトの夢象徴説の先行者であることがわかります。

エルヴェー・ド・サン＝ドニ侯爵は、コレージュ・ド・フランスで中国文学を教えていた人で、夢研究の第三の先駆者といわれています。その著書『夢とその操縦法（Les rêves et les moyens de les diriger）』（一八六七年）に、「夢の映像は、記憶のスナップショットを焼き付けて写真にしたようなものだ」と記しています。この理論は、まったく未知と思われた夢のイメージが、忘れ果てていた過去の記憶であったことが、あとで何かの拍子にわかったということから導かれました。

どうして夢が混乱して荒唐無稽なものになるかというと、それは夢の素材となる知覚がほんの一瞬のおぼろげなものなので、記憶の乾板に二重三重に重ね焼きされてわけのわからない夢を見てしまうのだといえるでしょう。

サン＝ドニの夢理論は、現代の夢科学者であるアラン・ホブソンなどにより高く評価されています。

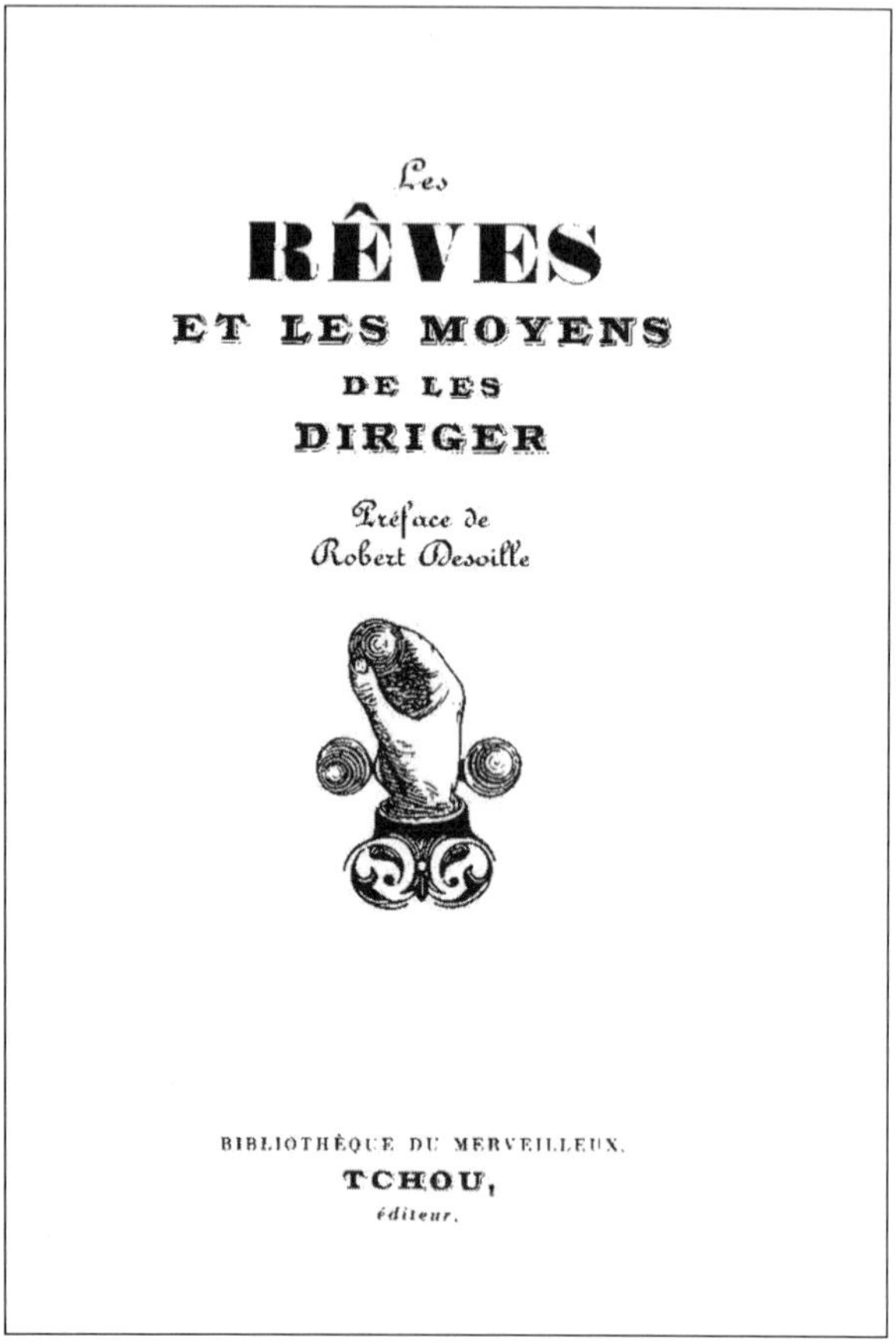
Les

RÊVES

ET LES MOYENS

DE LES

DIRIGER

Préface de

Robert Desoille

BIBLIOTHÈQUE DU MERVEILLEUX.

TCHOU,

éditeur.

エルヴェー・ド・サン＝ドニの『夢とその操縦法』(1867 年) の表紙。
（1964 年 TCHOU 社出版の復刻版）

結びの言葉は、

Je préfère de beaucoup le vieux axiome qui nous dit : La vie est un songe. A ceux pour qui c'est un songe pénible, elle laisse du moins l'heureuse pensée de se réveiller dans la mort.

夢を自在にあやつる術

サン＝ドニは、さらに、「自分の夢を自在にあやつる方法を編み出そうとして、部分的に成功した」といわれます。エレンベルガーの『無意識の発見』に紹介があるので参照していただきたいのですが、訓練を始めて2～3ヵ月経った第一段階で彼はまず、「今、自分は夢を見ている最中である」と自覚するようになりました。続く第二段階では、面白い夢を見ていて、それを記録するために随意に目覚めることができるようになりました。さらに第三段階では、夢のどんな部分でも、そこを深く探りたいと思えば、その部分に注意を集中できるようになった。最後の段階では、夢を、少なくとも部分的に自在に操縦できるようになったといいます。

もっとも、これには限界があったらしく、たとえば自分が死ぬ夢を見てやろうと思い、自分の夢をあやつって自分を塔の上に連れて行き、そこから身を投げた瞬間、場面は一転して、塔の上から身投げした男を、自分が群集にまじって見物している夢になってしまったなど、いつもうまく行くわけではなかったようです。

フロイトの『夢判断』

そして、十九世紀の最後の年、一九〇〇年には、フロイトの影響力並びなき『夢判断』が出版されます。
フロイトは、「夢にはすべて意味がある」と語ったことで有名で、「自分の夢理論は近代の考えよりむしろ古代の夢判断の復興だ」と言っています。けれども、最近の思想史的な研究は、フロイトの夢理論が、十九世紀前半のドイツロマン主義精神の落胤《らくいん》ともいうべきものであったことを証拠立てています。もともと、ロマン主義とは、十八世紀啓蒙主義の合理主義的人間観への文字通りロマンチックな反動として、文学芸術の方面から始まったものです。ドイツではこれがシェリングの自然哲学やショーペンハウエルの無意識哲学を通じて、力動精神医学の流れに大きな影響を及ぼし、そして、フロイトやユングの精神分析的な夢理論として結実したのでした。

（渡辺　恒夫）

2　リアルタイムの夢・「明晰夢」

「夢は無意識の王道である」

フロイトや、その弟子のユングは、精神分析に夢を活用した理論を展開しました。とくにフロイトは、一八九五年に『ヒステリー研究』で精神分析という学問を確立したのち、18歳のヒステリー患者であるドラという女性の治療をきっかけとして、本格的に夢の研究に着手しました。

フロイトが確立した「自由連想法」――患者がリラックスした状態で自由に心のうちを語る――という精神分析の技法では、患者の記憶が過去へ過去へとさかのぼるのが特徴です。ある時、自発的に夢の報告がなされ、さらにその夢について連想してみたところ、非常に幼いころの記憶がよみがえってきたのです。ここから、フロイトは、「夢は、幼児期の願望が源泉になっている」と考え、「夢は無意識への王道である」という理論を確立し、神経症の治療に、夢を積極的に活用するようになりました。

フロイトは、自分のクリニックのあるウィーンの街の路上に、

〈一八九九年、ジグムント・フロイト、夢の秘密を解く〉と記した銘板がやがてはめ込まれるだろうと語るほど、自分の発見に確信を抱いていました。フロイトの予言は、半分は当たっていたし、半分は外れたといえます。学説上の対立からユングに離反されたといえ、夢は無意識的なものの意味ある表現であって、解釈には技法を要するという深層心理学的なパラダイム自体は、ユングにも受け継がれ、今も発展し続けているのですから。

フロイトから夢の科学へ

けれども、フロイトの予言に反したことに、二〇世紀も後半になって、夢研究は、深層心理学者たちの思ってもみなかった方向へと展開することになりました。

現代を代表する夢科学者のひとりアラン・ホブソンは、十九世紀の夢研究を概観して、ヘルムホルツとヴントの脳生理学的理論と、モーリ、エルヴェー・ドゥ・サン＝ドニの実験観察を、「睡眠と夢の現代科学の真の先駆者」と評価する一方で、「精神分析的な夢理論の劇的な成功によって夢科学の科学的伝統は中断されてしまい、それが半世紀もつづくはめになった」と、フロイトを激しく非難しています。

けれども、エレンベルガーの『無意識の発見』によると、精神分析的な概念は、すでに述べた先駆者たちや、フランスのジャネなどによって、実際はフロイト以前に発見されていたのであり、十九世紀末という時代が、深層心理学的な夢理論を、そして深層心理学そのものの誕生を準備していたのだといいます。たとえフロイトが何かの偶然で早死にしていたとしても、それと似た夢理論がおそかれ早かれ世に出ていただろうと、思われるのです。

夢が、真に科学研究の対象となるのは、レム睡眠の発見を待たなければなりませんでした。

夢のメカニズムの解明

レム睡眠が発見されたのは一九五〇年代のことです。レム睡眠のＲＥＭは、Rapid Eye Movement といって、睡眠中の急速な眼球運動を意味します。睡眠中に急速眼球運動が起きている時期に眠っている人を起こすと、夢を見ていたという報告が得られるということがわかり、レム睡眠が、夢見の客観的なしるしだとみなされるようになったのです。

その後、脳生理学の発達により、レム睡眠の最中に脳幹からＰＧＯ波という興奮波が発生し、主として視覚領域を刺激することによって視覚イメージを起こし、「夢」が生じるという、脳生理学的な夢のモデルが提起されました（172ページ参照）。

一九六〇年代以後、心理学の側からも、より科学的な研究がなされるようになってきます。Ｃ・Ｓ・ホールという心理学者は「健常者の夢の10万例におよぶ統計的調査と、それに基づく研究」を発表し、夢分析とは、個々の夢の意味の解釈を目指すのではなく、「夢」というイメージ世界に投影された深層心理を通じてその人の内面世界を理解することが目標である、と述べています。

また、前述のアラン・ホブソンは、生理学的な立場から、大脳皮質がＰＧＯ波で活性化される第一段階では夢の原料だけがつくられ、それをさらに合成して物語をつくりあげていく過程の結果こそが「夢」であるという「活性化・合成仮説」の名で、一種の二段階理論を唱えています。

夢とインクのしみ

ホールの説とホブソンの説を総合してみると、夢がロールシャッハテストとよく似ていることがわかります。ロールシャッハテストとは、紙にインクを垂らして偶然にできた、それ自体無意味な図形が何に見えるかによって、深層心理を解読するテストです。

たとえば、同じインクのしみでも、ある人の眼にはコウモリが飛んでいるように見え、ある人にとっては鬼の面、さらに別の人の眼にはタヌキのダンスとうつるといった具合です。このような人それぞれの見方のちがいは、その人の深層意識がそこに投影されることから起こるため、その反応を解釈して、その人の人格や心理を理解しようというのが、ロールシャッハテストの目的です。

同じように、夢分析の目的は、夢に投影されている深層心理を解釈し、夢を見た人の深層を理解することであると、ホールはいいます。

これらを踏まえるなら、ホブソンのいう「活性化・合成仮説」の中の合成の過程で、さまざまな深層心理が投影され、全体として意味のある物語へとつくりあげられると考えてもまちがいではないでしょう。夢の個々のイメージはもともと無意味だったかも知れないが、さまざまな深層心理が投影されて、意味のある夢がつくりあげられていくというわけです。

このように考えることによって、夢の心理学的な理論と脳生理学的なモデルが橋渡しをされる可能性が開かれるのではないでしょうか。脳生理学的モデルの進展を踏まえ、ようやく真に科学的で総合的な夢の理論と研究が求められる時代に入ってきたのです。

夢の進化論と「シミュレーション説」

現在、科学的な夢研究では、進化論的な夢の見方が有力になりつつあります。これは、伝統社会のなかで夢文化が大切にされてきたことに着目し、それを「人類にとって夢がなんらかの生存価値があったことのあらわれにちがいない」と考えるものです。

中でも有力なのは、進化心理学者ハンフリーなどが唱えた「シミュレーション説」です。夢の中で私たちは、現実では考えられないようなさまざまな危険な経験をすることがあります。これを私たちの行動における一種のシミュレーション、つまり予行演習として役立て、現実にそれに近い事態に遭った場合に、よりよく対応することができるという考え方です。

夢には、たまたま前日にあった印象的なできごとが出てくることがあります。たとえば友達の結婚祝いにと思い、デパートで銀のお皿をたくさん見た日の晩、ニューヨークの自爆テロに関する番組を見たとすると、夢の中で二つの記憶がまじりあい、ニューヨークにいる自分がUFO（銀の皿）の攻撃を受けて逃げ回っている夢を見たりします。こういった夢の中での体験が、現実の世界で役立つと考えるのがシミュレーション説です。

ある行動のシミュレーションをすでに夢の中でしていると、実際にたとえUFOの来襲（！）に遭遇しても、合理的な行動がとれる可能性は高いと考えられます。もちろんこの例には現実性が薄いかもしれませんが、そういう夢をまったく見たことがない人に比べ、夢の文化をもっている人は、現実に対する対応にちがいが出てくるかもしれない、というわけです。

ホブソンにも、幼児は夢において、成長してからの現実の行動のリハーサルをするという「行動リハーサル説」があります。

夢と遺伝的行動のプログラミング機能

興味深いことに、夢の中の行動パターンを統計的に分析すると、夢には、現代の都会人が現実に経験するよりずっと高い割合で、単純な攻撃や逃走の行動が出てきます。このような行動の出現率は、ニューヨークの白人でもアフリカのカラハリ砂漠の住民でも、世界共通で変わらないというのです。

夢研究の第一人者であるフランスのジュヴェーは（170ページ参照）、レム睡眠には「遺伝的行動のプログラミング機能がある」と述べています。すなわち、人間にはさまざまな生得的な行動プログラムがあり、その主たるものは闘争における攻撃・回避・逃走、それから性に関係する行動のためのプログラムです。それらプログラムのスイッチを発達の初期に入れるのが、レム睡眠の機能だというのです。

ですから直接に経験がなくても、レム睡眠によって私たちは、大昔の祖先の石器時代の経験を夢に見ることになるのかもしれない、と私は想像しています。

ラバージと「明晰夢」

夢の研究での最近の話題に、夢をリアルタイムに体験して外部に交信するという、「明晰夢（lucid dreaming）」があります。

もともと夢の内容は、あくまで本人の報告によってしかわかりません。これは、フロイトの時代に限らず、レム睡眠が発見されたのちの時代でも本質的に変わりはありません。レム睡眠時に被験者をたたき起こし、鼻先にぶら下げたマイクに夢を吹きこんでもらうという方法でも、吹きこまれる夢はあくまでも、記憶でしかないのですから。

これに対して明晰夢とは、夢の中で「自分は今、夢を見ているんだ！」と気づく状態を指しています。つまり、夢を見ながら夢と自覚するわけです。明晰夢が本当にあるかどうかについては、「瞬間的に目が覚めているのではないか」などといった批判もありますが、明晰夢を客観的に立証するため、夢を見ている人が「今、自分は夢を見ている」と気づいた時に、夢の中から外部に信号を送り出す、という実験を行った研究者がいます。それが、アメリカのスタンフォード大学の神経生理学者ラバージです。この実験が成功すれば、今、夢を見ている、ということを、リアルタイムで他人に報告できるようになるわけです。

夢を見ているときはレム睡眠なので、筋肉は弛緩していてからだは動きません。ただひとつ動くところといえば、眼球です。そこでラバージは、あらかじめ眼球の左右の運動をモールス信号に対応させると決めておいて、被験者が夢を見ている最中に、「これは夢だ」と気づいたとき、自分のイニシャルを眼球運動にして送り出させることに成功しています。

このほか、ラバージは、「片手を握る」ことも試しています。実際には手の筋肉が弛緩しているために握ることはできないのですが、そのかわりに、けいれん運動として検出することができます。

東邦大学で「明晰夢」を確認

私は、鳥居鎮夫氏の『夢を見る脳』（一九八七年）でラバージの実験を知って以来、東邦大学生命圏環境科学科心理学研究室で明晰夢研究の準備を進めてきた。その結果、三名の被験者から、「これが夢の中だと、今、気がついている！」という、夢の中からの合図を受信することができた。合図が送られてきたところで起こして体験を聴取して、実際に明晰夢を見たかどうかを確認し、そのデータの一部を図に表した。左側の合図サンプルというのは、寝る前に「夢の中で夢だと気づいたら夢の中でこういう合図を送って下さい」と教示して、実際に合図を送ってもらった記録である。ラバージの実験では被験者のイニシャルのモールス符号を使ったが、私の実験室では、左右2回眼球を動かして、手を2回握るという合図に決めて行った。

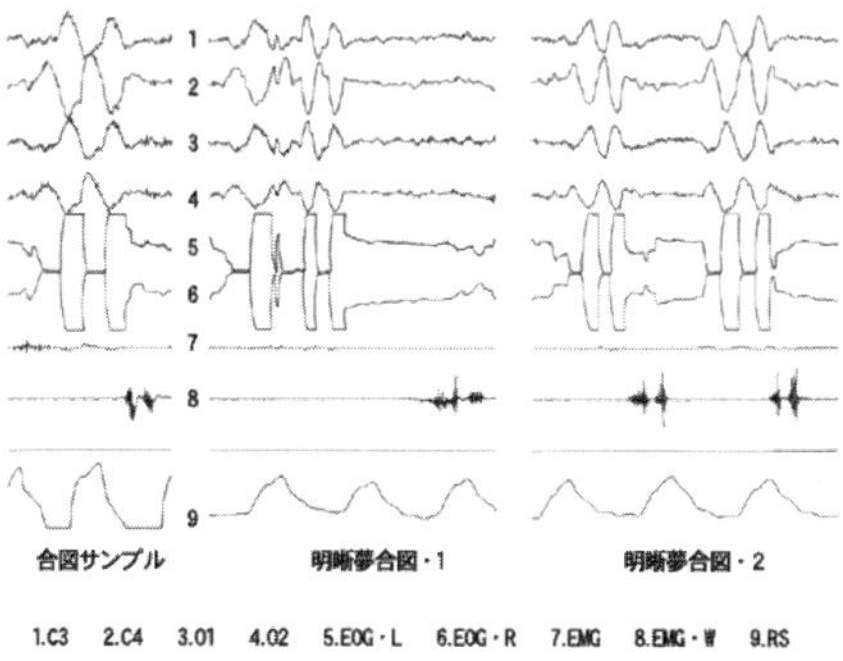

グラフには、脳波（1・2・3・4）と眼球運動（5・6）、筋電図（7）、手首の筋電図（8）を表した。5・6の

眼球運動は左右の動きを示すが、眼球が左右に2回動いたあと、手を2回握ったことが、8の筋電図の動きからわかる。真ん中と右側のサンプルは、左側の合図サンプルと似た合図があったところで起こした、その直前の記録である。2回とも起こして体験を聴取したところ、明晰夢を見た、と報告した。これらの動きが偶然に生じた可能性を排するために、第三者に盲検法という方法で判定してもらったところ、このような偶然は天文学的確率でしか起こりえないことがわかり、明晰夢の合図であることを確認した。

明晰夢を活用する

ラバージはまた、明晰夢は、意識下に潜む問題を解決し、自己の精神的な発展に役立てることができると述べています。それも目が覚めてからの解釈などではなく、夢の中でそれを解決してしまおうというのです。

ラバージ自身もかつて、そのような明晰夢を見たといいます。それは、政治的な問題で学生が授業中叫びだして自分に敵対して迫ってきた夢です。パニックに陥って逃げ出そうとしたその時、彼はそれが夢であることに気づきました。

そこからのラバージの判断と行動は、大変ユニークです。彼は、「この敵対者というのは自分自身の影である、だからむしろ影を自我に統合するよい機会だ」と考えて、その敵対者と抱きあってキスをしたところ、溶け合ってしまいました。そして、「目が覚めたら何かが解決されたような気がした」というのです。夢だと気づくことによって自分で夢をコントロールして、夢の中でリアルタイムに問題解決をはかることができるというのが、ラバージの体験にもとづく説なのです。

ここからヒントを得て、私は、明晰夢でＰＴＳＤ（post-traumatic stress disorder）の治療ができないかと考えています。阪神大震災の被災者など、大きなストレスが原因でＰＴＳＤに陥ってしまい、何年経っても当時の記憶が夢の中にありありとよみがえってきて、恐怖のあまり眠れないような人がいます。そのようなケースに対して、「明晰夢の訓練をすることによって、そういった夢を変えることができますよ」、と勇気づけられないものかと。

明晰夢は自己意識への秘密の扉

数年前、「明晰夢体験調査票」なるものを作成し、学生に性格検査と連動させて実施したところ、「内向―外向」や「安定―不安定」といった性格特性と、明晰夢の体験頻度とは、何の関係もないことがわかりました。そこで次に、明晰夢を、「夢の中でも自己意識を保っている状態」と再定義して、日ごろから自己意識の鮮明な人が明晰夢を見やすいのではないかと仮説を立ててみたのです。

すると、心理学用語でいうところの「私的自己意識」が強い人ほど、明晰夢の体験頻度が高いという結果が出ました。心理学では二つの自己意識があるという考え方をします。人目を気にする傾向を「公的自己意識」、それに対して自己の内面を客観的に観察する傾向は「私的自己意識」と呼んでいます。「公的自己意識」が強い人には、明晰夢を見やすい傾向はあらわれませんでした。

私的自己意識のほうこそ、ほんとうの自己意識といえるでしょう。この調査結果から私は、「明晰夢は自己意識への秘密の扉である」というように考えるにいたったのです。

『みたい夢をみる方法――明晰夢の技術』の著者マックフィーは、通常の夢のように「夢を見た」と過去形で想起するほかない体験は、意識の名に値しないと言っています。これは眠っているときだけでなく昼間でも同じことで、「今ここに自分がいる！」と明確に気づいている間だけが、真に意識がある状態だというのです。つまり、「私的自己意識」のある状態だけが、真に意識がある状態だ、というわけです。

めざめてみる夢

そして、そのような自己意識を、どうして人類がもつにいたったのかというと、夢の中で「夢ではないか」と疑ったことが、きっかけになっているのかもしれません。それによって、覚醒中にも、「この世は夢ではないか」と疑うことが可能になりました。そのような疑いによって、人間は、真のめざめとか、より高次のリアリティーへの探求心を発動させた、というふうに思います。そういえば映画『マトリックス』でも、主人公が、この世が現実であるという夢を見ているだけではないかと疑うことが、真のめざめへのきっかけになっています。

そのようなめざめを可能にする高次の自己意識には、大脳前頭葉の働きが大きいということまでは解明されていますが、科学的にはいまだに謎に包まれたままです。

ことによると明晰夢には、自己意識への解明にいたる秘密の扉の鍵が隠されているのかもしれない――私には、そんなふうに思えてなりません。もともとは生物学的現象にすぎなかった夢から、人類はさまざまな意味を引き出し、文化創造の原動力としてきました。その中の最大の貢献が、真のめざめとか、より高次のリアリティーの探求を促したところにあるのではないでしょうか。

どのような人が明晰夢を体験しやすいか

○明晰夢は性格とは無関係

「明晰夢調査票」に記入してもらった学生を対象に、「外向性－内向性」「安定－不安定」「タフネス－非タフネス」という3つの性格傾向を調べた。その結果、明晰夢を見やすい人と見ない人の間に、これらの性格傾向に関して差がないことが判明した。つまり、いわゆる性格と明晰夢を見やすい傾向とは、まったく関係ないといえる。

⇓自分の性格傾向に興味のある方は、アイゼンク（Eysenck）のテストにアクセスしてみてください。http://similarminds.com/eysenck.html

○明晰夢は内省的な人に起きる

「明晰夢とは、夢の中で自己意識の保たれている状態」という仮説から出発して、明晰夢を見やすい傾向と自己意識の強さとの関連を探った。自己意識には、「人目を気にする傾向」である公的自己意識と、「自分の内面を見つめる傾向」である私的自己意識の2種類がある。私的自己意識が強い人ほど、明晰夢の体験頻度が多いことが明らかになった。一方、公的自己意識のほうは、明晰夢の体験頻度と関係がないことがわかった。

○明晰夢はどうしてわかる?

明晰夢を報告した人に対して、「なぜ夢であったと気づいたか」と尋ねると、次のような答があった。

・「わからない」
（気分的にモヤモヤしていて、なんか寝てるなと思った）
・「理由があって夢と気づいた」
（海にいるタコが空を飛んでいたので、そんなはずはないと思い、夢だと気づいた）
（バスに芸能人が乗っていたので、そんなはずはないと思って夢だと気づいた）
（回転寿司を食べていたら、なんとなく寿司が出てくるわけはないと思い、夢だと気づいた）

（渡辺　恒夫）

夢と自己意識をめぐるディスカッション

夢は文化創造の原動力である

渡辺　夢の中で「これは夢かもしれない」と思ったり、目が覚めていても「これは夢かもしれない」と思うことってありますよね。そこから人間は、「本当の実在とは何か」という問いかけを始めたのではないでしょうか。さらにそこから、人類の本格的な哲学的な思考が始まり、精神文化が始まった――こう考えると、「夢の文化」は人類の精神文化の原動力になってきたといえます。

明晰夢の発見も、人類の進化の途上で意味のあることだったと思います。明晰夢は夢の中で「自己意識」がある状態ですが、このほかにも禅の瞑想とか、気功なども脳波を比較して、研究してみたいですね。

重田　睡眠文化研究会も、「眠り」を生理的な現象としてだけとらえるのではなく、文化として考えているので、夢が文化創造の原動力になっているというお話は、すごくよくわかります。

鳥居　自己意識というのは、いわゆる脳の前頭前野の働きでしょうか?

渡辺　おそらく前頭前野が破壊されれば、自己意識も失われると思いますね。前頭前野が自己意識を生み出すのかどうかはわかりませんけれども、少なくとも関連はある。

重田　見る夢がすべて明晰夢という人もいますか？

渡辺　非常にまれですが、女子学生でひとりだけみつかっています。それと、「自己意識の強さと明晰夢とが相関する」と言いましたけれども、ある程度何か遺伝的な要素もあるようです。お父さんが明晰夢を見る人で、それからお父さんのおじいさんも明晰夢を見るとかいう学生もいました。

高田　明晰夢を見る頻度に男女差はありますか？

渡辺　男女差はないのですが、夢を見る頻度は女性のほうが高いんです。それに、夏休みの宿題で学生に「夢記録」を提出させると、女子のレポートのほうがたいていてい面白いですね。

「もうひとりの自分を連れて行け」

鳥居　結局、自己意識って、どういうことでしょうね。自分って本当は何だろうとか、いつも考えているような？

重田　最近、アフリカでフィールドワークをすると、ある種のストレス状態になって、仕事ができなくなる学生がたまにいます。そんな人に、「もうひとりの自分を連れて行け」と言うようにしているんです。自分が異文化の中でアフリカの人とつき合っているとき、それを見ているもうひとりの自分がいて、自己を客観視する図式があると、何か問題があったときに冷静に解決できるのではないかと思うんです。

明晰夢をよく見る人に「内省的自己意識」があるのなら、大学院の面接で「あなた、明晰夢を見る？」って聞いて、「見る」と答えた人にフィールドワークさせたらいいのかな、なんて、ちょっと真剣に思っています。

高田　「自分が自分を意識する」ということと、『他人が自分を意識すること』を、自分が意識する」ということの間には、どういう関係があるのでしょうか。

渡辺　『他人が自分を意識すること』を自分が意識する」は、最後に意識する主体が自分なので「私的自己意識」。「人目を気にする、他人に見つめられている」というところで終わってしまえば、「公的な自己意識」だと思います。本当に自己意識といえるのは、私的自己意識のほうだと考えています。

つまり、自己意識とは、他人に見つめられている、そういう自分を見つめることによって、真の自分はまた別なところに避難できて、冷静さを取り戻すことができるのだということで、それを重田先生は「もうひとりの自分を連れて行け」と表現されているのでしょう。

高田　たとえば僕自身は、それまでは未知だった知識に接したり、従来なかったような体験をしたりすると、主体としての自分がどんどん変化していくことに気づかされるんですね。そして、何かが変化した瞬間、「ああ、腑に落ちた」と感じることができる。それが「知識を主体化する」ということではないかと思います。

ところが、いまどきの学生、それも成績の優秀な学生ほど、あらゆる知識とか体験を「腑に落とさない」で、いわば「主体化されない知識」として、主体とは無関係な、いいかえれば「コンピュータのメモリー」に記録するような「データベース」として蓄積していきがちだという気がします。

豊田　経験が自分の血肉になっていかないのですね。

高田　そういうことです。というのも、コンピュータのメモリーに、いくら大量のデータを入力しても、その機能というか、働きは変化しませんね。それに対して、新しいデータを入力されると、主体そのものの働きが変わっていくのが人間なのではないでしょうか。

そういう意味で、成績の優秀な学生は、自らの主体性や自意識と無関係なデータベースから情報を呼び出して、試験問題をはじめ、さまざまなものごとを処理することには長《た》けている。しかし、その本人自身の全体的な働きは、まるで変化しない。やや極端なことをいえば、自らの主体を変容させることを、非常に神経質に拒否するパーソナリティーが増えているような気がします。

豊田　フィールドワークなんかやってると、自分が変わらないと生きていけないですけどね。

高田　でしょう？　だから、いまどきの世の中、生きにくいと感じる連中が、たくさん出てくるわけです。

渡辺　最近では自分を変容させなくても生きていける環

境ができていますしね。

夢は一瞬のストーリー?

豊田　目覚めの直前に得た刺激が夢に影響を与えることもあるのではないかと思うのですが。たとえばベッドから落ちたとき、夢の中でも自分が落ちているとか、目覚めるときに聞いた音楽が刺激になって、それをきっかけにして夢となって出てきたようなものがあると思うのです。でも、ベッドから落ちる感覚って、一瞬ですよね?

渡辺　ええ。

豊田　それなのに、夢のストーリーは、落ちる場面が最後になって、きちんとつながっていたりする。そうすると、刺激が与えられた一瞬の間に、一連の経験を夢の形にして取り出して「自分はこういう夢を見た」と認識するという考え方はできないのでしょうか。

渡辺　学生の話ですが、ベッドから落ちて目が覚めたときの夢は、車で坂道をずっと運転していって、崖から落ちてしまう夢だった。不思議なのは、その長い夢全体が、最後の場面に向かって必然的に流れていくということです。まるで夢を見始めたときに、ベッドから落ちるのを予知していたかのように。

モーリの『睡眠と夢』にもよく似た話があります。自分がフランス大革命の時代に生きていて、さまざまな冒険をして最後はロベスピエールに捕まって、ギロチンにかけられる夢を見た。それでギロチン台に首が落ちた瞬間に目覚めた。そうしたら、ベッドについてる天蓋《てんがい》の枠の一部が首筋に落ちてきたと。だからモーリは、その長い夢全体は、その刺激をきっかけに始まったのであって、夢というのは瞬間的に起こるものだという説を唱えたのです。

夢の主観的な持続時間とレム睡眠の持続時間の関係を検証するには、レム睡眠が始まってから2~3分で起こしたり、20分で起こしたりして、「この夢は何分続いたか」と聞くのですが、だいたい一致するという結果が出ています。

重田　もし脳に「夢のカプセル」のように、圧縮されていた記憶があり、それが解凍して広がるようなメカニズムがあれば、夢の中の時間と現実の時間が一致することもありえますが、本当に一致あるいは比例するものでしょうか。

渡辺　全体の傾向として相関をとると、だいたい直線上に並ぶというだけで、例外はあります。例外を集めて、そこから何か説明を考えてもいいと思いますが、サイエンスというのは例外を扱うのが苦手ですからね。

豊田　夢の中でも意識がしっかりしていると、頭の中での「時間の感覚」が、実際とそんなに大きくずれないということが考えられますね。

渡辺　夢の中の時間と実際の時間とが「ずれる」人は、もしかしたら脳の中に夢のカプセルをいっぱいもっているとか、夢の記憶の貯蔵のしかたが異なるとも考えられます。

「顕在的な気づき」に不可欠な自己像

鳥居　「自己意識」について、「こう考えたらわかりやすい」といった渡辺先生なりのお考えをお聞かせください。

渡辺　まず、「目が覚めている状態が、意識がある状態」、もうちょっと限定すると、「何かに気づいている状態」というのが意識の定義です。ただし私たちの意識は、「何かに気づいているということに、さらに気づく」という自己再帰的な構造を備えている。またその自己再帰的な気づき方も必ずしも顕在的ではなく、潜在的な場合もあると思います。

それが何かの拍子に顕在的に気づくとき、「ああ、自分は何かに気づいているな」と感じる。ただしその「顕在的に気づく」には、自己像《セルフ・イメージ》が確立されていなければなりません。

鳥居　それはどういった意味ですか。

渡辺　「自分は何かに気づいているな」と感じるときの「自分」がイメージとして顕在化するためには、自己像が確立していなければならないのです。自己像が形成される過程を観察するには、「鏡映像《きょうえいぞう》の自己認知実験」というのがあります。

たとえば赤ん坊に鏡をみせると、最初は鏡の中にほかの赤ん坊がいると思って笑いかけたり、泣いたりします。これがだいたい一歳ぐらいです。次の段階になると、鏡の後ろを探ってみたりする「探索」の段階。さらにそれから「忌避《きひ》」といって、わけがわからないから鏡を見るのを嫌がり、いっさい見なくなって、そうして二歳ぐらいで、だいたい4人に3人は鏡の中の自己を認知できるようになる。これは、自己像が形成されたというサインと見てよいのではないかと思います。

つまり、二歳から三歳ぐらいになって自己像が確立して自己意識が可能になるわけです。

高田 自己意識の尺度を調べる質問項目って、いくつぐらいあるんですか。

渡辺 私的自意識が15問、公的自意識が15問、全部で30問あって、5段階で回答するようになっています。もっとも、私的自意識が強いから公的自意識が弱いといった相関関係はありません。

重田 ちょっといっぺん、みんなでやってみましょうか？

「自分を意識する自分」を、さらに意識する自分

鳥居 フロイトとかユングの言う「無意識」は、脳生理学の言葉でいうと「記憶」に置きかえてもいいのですか？

渡辺 おそらく。フロイトの場合は「潜在的な記憶」ということで。記憶のプロセスの大部分は無意識的なものですからね。

鳥居 ユングの「集合的無意識」などは、DNAに読みこまれた記憶でしょ？ 脳生理学者は、「記憶」といってもらったほうが、心理学の領域でいわれる無意識や意識がわかりやすいように思うんですが。

渡辺 そうですね。たとえば「夢には解釈が必要だ」という場合、解釈すべきテキストは夢の記憶なんですよね。そこで明らかになるのが無意識的な意味だと。だからフロイトのいう「無意識」の生理学的な実態が脳生理学的に対応づけられるのならば、それに越したことはないと思いますね。

鳥居　その橋渡しを先生に期待しているんですよ。

脳生理学にとって「無意識」は手ごわくて、夢の話を出しても、脳生理学者は全然知らん顔して相手にしないようにしてるからね。

渡辺　フロイトは認知心理学ではわりと評価されています。でも、フロイト自身が精神分析を「科学だ、科学だ」とあんまり強調しすぎたので、それにしては科学的じゃないんじゃないかと批判されて、かえって心理学の主流をはずれてしまったところがありますね。

高田　なるほど……「科学」ですか。それよりは「まじないなんや」と言うてしもうたほうが、ずっとええような気がしますね。

渡辺　ただ、ユングは今、人気がありますね。ユングはもう自分で「科学じゃない」、「科学を超えるものだ」と言っているわけですから。

自己意識の話に戻りますが、いったん「自分を意識する」ことができるようになれば、「自分を意識する自分を、意識する」というふうに、自己再帰的な構造が成り立つ。ちょうど合わせ鏡の間に立つと自己像が無限になるように、自分を意識する自分を意識する……と無限に続けられるから、自己意識は無限だといえると思うんです。

仏教用語でよく「無我」といわれますが、タイ仏教などには、四六時中、自分はここにいる、自分は今ここで天ぷらを食べている、自分はいま、立っている、自分はいま、こうしている、というふうに「いま、ここ」を意識する。そうすれば悟りが開けるというアプローチもあります。むしろ徹底的に自己意識を強めることによって、自己を悟るのです。

もともと仏陀の教えは、「無我」ではなく、「非我」が本当だともいわれています。要するに、何を自分だと思っても、それは本当の自分ではない、と。なぜならば、あるものを自分だと認識したら、それは認識の対象にしてしまうということで、本当の自分というのは認識の対象ではないのだ、というわけですね。

高田　「自分という存在」を意識している主体の側が「自分」なのであって、「意識の対象となった側の自分」は、客体にほかならないということでしょう。そういう意味からいうと、仏教は、宗教というよりも、むしろ一種の「認識論」だと考えたほうがええのかもしれないという気がします。

渡辺 無意識というのは、インド人の発見ですが、インド仏教というのはとにかく論理的。

まず論理的に、ある真理を証明して、しかしその真理というのは日常的な意識では体験できないから、それを体験するようになるために修行が必要だ、というわけです。まず論理的に証明してから座禅を組む。

高田 仏教が人間の生き方にかかわる際には、ある意味で天性のプラグマチズムのような作用のしかたをする場合がある。とくに日本の禅など、「いろいろ面倒なことを考えなくても、座ってたらええのんや」というわけでしょ? それに対してキリスト教以後のヨーロッパは、一神教ゆえの頑固さがあって、実利、実益、実用に走ろうと思えば、わざわざイデオロギーとしてのプラグマチズムを確立する必要があった。そういう気がしますね。

重田 夢の意味論、夢の機能論、夢の生理学……何かひとつ抜けている気がするんですけど。

高田 「夢の存在論」でしょうか。ヨーロッパにおける夢に対する理解の推移を振り返ると、意味論と機能論が、交代しながら力を持ってきたような気がするのですね。近代以前、夢を神託と捉えるのも、フロイト流の「夢判断」も、いわば一種の「夢の意味論」でしょう。それに対して夢の原因を「幽体離脱」に求めたり、近代初期に「外的刺激に還元」したり、はたまた現代のように、記憶を促進する要因として夢を想定するのは「夢の機能論」だといっていい。それを二〇世紀の科学は、かなりの程度、脳の機能から説明できるようになってきたというわけでしょう。

こうした科学的な認識は、現代の日本や欧米では一般化しているといっていいのでしょう。しかし、そうした科学の洗礼を受けていない地域に行くと、もっと多様な夢への理解がありうる。そうした地域における「夢」という現象の存在そのものの理解を参照してみる必要がある。そういった意味で「夢の存在論」という言葉を使ってみた次第です。

夢まぼろしのお月さま

おさななじみの彼女を意識し始めたのは私が十九歳だっただろうか、房総の山中を夜を徹して歩いて、もうそろそろ朝がくるかな、と思う頃、突然雲が切れて弦を上にした三日月の姿をした彼女が明けの明星を従えてあらわれたときには、さすがに「美しい」、と思った。それから四十年ほどのお付き合いである。最近、齢《とし》のせいで朝早く目が覚めるようになったが、そんな時に、東側の窓をのぞくとまだ暗い空に、雪をかぶったアルプスの向こう側から、しずしずとあの上弦の月がのぼってくるのがえも言われない。これは朝早くに目が覚めて困っている者に神さまが下さる至福なのだと思う。

しかし、本当のことを言うと、私は、満月でも三日月でもなく、十三夜頃でまだ空が暗くなくて群青《ぐんじょう》がかっているときにかかる月、が一番好きなのである。そして、少しだけ薄い雲がかかると、もっと素敵に見える。月が生きいきと動いているように見え、なにかを話しかけてくれるようだ。そして春、高台寺から歩いて円山公園にさしかかると、おおきな一本の満開の桜の樹の枝に見え隠れするのがもっともきれいなお月さん、だと思う。

しかし、彼女のこころはつかめない。ニューヨークを歩いていると見え隠れにしてついてくる彼女が摩天楼の間からコケットな顔をのぞかせて、「わたしを捕まえて」と言うように近づいてきては逃げていく。十五日も過ぎると平気で時間に遅れてくるし、雨が降ったり曇ったりするとすっぽかされてしまう。それで、他の男に逢っているのかな、と考えると嫉妬で胸がキュンとなる。だから、「さようなら、こんなにつらい思いをするくらいなら、今度こそ、もうおつきあいはやめましょう」と私は思う。

でも彼女がほんとうに冷たいのかと思うと、そうでもない。彼女はノルウェイでは冬の冷たい風が吹きすさんでいるときに外でじっと私を待っていてくれたし、思いもかけずパリの屋根裏部屋の窓から顔をのぞかせて、パリジェンヌのように悪戯《いたずら》っぽく、またにこっと笑いかけてきた。それに騙されてまた性懲りもなく縒《よ》りを戻してしまう無力な私。これが私と彼女の長いつきあいなのである。世界中どこへ行っても、月だけはあの美しい顔を惜しげもなくみせてくれる。異国でさみしい思いをしているときに彼女にめぐりあったりすると「ああ、はるばる日本から遊びにきてくれたのかしら」と思う。そして嬉しく、ありがたく、しみじみとした気持ちになるのである。

月が好きと言えば、桜の花の好きな西行法師は桜の咲く頃をえらんで死にたい、とのぞんで

「願はくは　花の下にてわれ死なん　その如月《きさらぎ》の望月《もちづき》の頃」

と詠じている。やはり桜だけではなくお月さんも大好きなのである。

その西行の歌は、定家の『小倉百人一首』では

「嘆けとて　月やはものを思はする　かこち顔なるわが涙かな」

が選ばれている。「鴫《しぎ》立つ沢」や「小夜の中山」などの良い歌もあるのになぜなのだろうか、と不

思議に思っていろいろ調べてみた。どうも昔から、「月というものは、見てはいけない」ものだったらしい。「知らず知らずにもの思いをかかえこんでしまう」から、らしい。「月見ればちぢにものこそ悲しけれ」なのである。ラテン語あるいは古フランス語が語源のルナティクとは「月の光に影響された」狂人、精神異常という意味である。

おそらく、西行は月の光に狂わされて、昔、恋い慕っていたあのひとを想いだすのだろう。江戸時代に書かれた『百人一首一夕話《ひとよがたり》』の尾崎雅嘉《まさよし》によれば、千載集《せんざいしゅう》に「月前《げつぜん》の恋を詠む」とあり、「月を見てため息をつけよと言って月があのひとのことを想わせるのだろうか、そうではない、もともと私のこころに想いがあるから、月をみればもの悲しくなることなのに、それを月が悪いんだ、私のせいじゃない、と言いながらも、私のうらみ顔からこんな涙がでてくる（それにしても狂おしいほどあのひとが恋しいなあ）」、という意味のようである。

花の下にてわれ死なん

西行は友人の死を機に（あるいは彼女を忘れようとして？　諸説あって本当の理由はわからない）、いたいけな娘までつきとばして出家をして修業したはずなのに、まったく悟っていない。煩悩まるだしである。彼女のまぼろしを月にことよせて、いまだに追っかけて旅をしているのだ。月はどこでも眺めることができる。もしかしたら、桜の花の下で死ぬときまで月のようなあのひとを想っていたのかしらん（注）。

定家はこのような「煩悩即菩提」、ある意味で悟ってしまってこだわらず、自由自在な心境に達した西行のこの歌が好きだったのではないのだろうか。その定家の歌では「焼くや藻塩の身も焦がれ」ている女性の気持ちを表現している。これは待っていても来ない彼を待ち続けて、こころの中でまぼろしを追っている風情である。

手のとどかない高貴な女院《にょいん》に恋いこがれてしまったとしたら、西行にとって、やはり手にとどかない月もうらめしかったのかもしれない。

「知らざりき　雲居《くもい》のよそにみし月の　かげを袂《たもと》にやどすべしとは」

高橋英夫氏によれば、この女院こそ西行にとっての「グレート・マザー」だったということである。

「グレート・マザー」とは精神分析家ユングの造語で、秋山さと子氏によれば、「人類の無意識に共通して存在する、あらゆるものを魅了し、狂わせ、神秘的な雰囲気を漂わせる大地母神、母の隠れた第二の性格、母なるもの根源、そのやさしさ、魅力、威厳、こわさ……」というような意味らしい。男は母から独立していくときにまず年上のおとなの女、それから娼婦的な蠱惑的《こわくてき》な女に惹かれ、母を裏切っていくとのことである。

女院は、色香の匂い漂う女性的魅力に富んだ神秘さで、天皇をはじめとする多くの男の心をとらえて離さず、虜にして狂わせるような存在であったらしいが、とくにひとまわり以上も年の若い出家前の西行（佐藤義清）にとっては、手に届くようで届かないあこがれの人であった。

その彼女には夢で逢うしか手だてはないのである。仏道修業者にとって、誘惑の多い夢はみてはならないものなのに、西行の場合は山家集だけでも十首以上夢がでてくる。それも臆面もなく夢で彼女に逢い続けているのである。『夢會恋《ゆめにあふこひ》』でも四首ならべている。

「なかなかに　夢に嬉しきあふことは　うつつに物をおもふなりけり」
「あふことを　夢なりけりと思ひわく　心のけさはうらめしきかな」
「あふとみる　ことを限りの夢路にて　さむる別れのなからましかば」
「夢とのみ　思ひなさるるうつつこそ　あひみることのかひなかりけれ」

さて、西行は上田秋成『雨月物語《うげつ》』では保元ノ乱に敗れて讃岐白峰に配流《はいる》された崇徳院の恨み話を聞かされるはめになるが、能にも多く登場する。『江口』や『西行桜』や『実方《さねかた》』や『雨月』などである。『江口』でも『西行桜』でもシテは江口の里の遊女の幽霊だったり、桜の精だったりする。これもお話を聞くかたちである。

『雨月』では住吉神社への参詣の途中、爺さん（翁《おきな》）が屋根を葺《ふ》こうとするのを、婆さん（嫗《おうな》）が月を眺めたいから葺かずにおこう、と夫婦喧嘩をしているときに西行が一夜の宿を乞う。「賤《しず》が軒端《のきば》を……」という下の句に臨機応変の「月は漏れ雨は……」の上の句をつけたことで、翁がよろ

こび、ともに月と雨の音をめでる。そしてその夜の夢で、この翁が実は住吉明神だったことがわかる、というはこびになっている。いずれにしても、どの演目でも西行はいつもワキで聞かされ役なのだ。

　この西行のとる態度が、ユングが夢分析でとる態度なのである。河合隼雄氏によれば、ユングにとって無意識はかくされたものではなく自ら表現するものであり、治療者は患者の夢の中に自ら入りこんで夢を味わうべきものである、とのことだ。たとえ患者の考えが「天の声」であろうと「りんごは下から上に落ちる」であろうと「悪魔のささやき」であろうと、「地球が月の周りをまわっている」であろうと、そのような考えが存在する以上、心理的現実としてとりあげ、受け入れて、耳を傾けて、味わってあげることが重要とのことである。まるで夢まぼろしの能舞台の暗がりに入りこんでいって、神や鬼や狂女といったシテのひとり舞台の話を聴く、そしてそれを味わうワキの態度こそ、こころ優しいユングのユングたるゆえんなのだろう。

　私は実験科学者としては、「虫のしらせ」とか「予感」とか「共時性」とか「まさ夢」とか「古代の体験の痕跡」とかの、ユングの言うことのほとんどを信じてはいない。それでも、お月さまをみるとなぜか蠱惑的で、つれなくて、それでいて優しい「グレート・マザー」だけは信ずる気持ちになってしまう。それならば、月はやはり見てはいけないものなのだろう。でも、恋しくなって、こらえきれなくなって、ついつい見てしまうのである。

注　西行は、世の無常を感じ恩愛の絆を断ち切って出家・漂泊し、その土地の人や花鳥風月になじむたびに、それを振り切ってまで旅を続けるほどの、「捨」を念頭においていた人物である。たしかに西行は女院を慕ってはいたが、いつまでも恋い慕っていたという根拠も、月を女院に特定していたという根拠もないらしい。「嘆けとて」の歌もたんに恋の歌の技巧にすぎない可能性がつよい。しかし、西行は死ぬまで彼女を恋い慕っていた、そう私は思いたい。彼は出家者として、フロイトの言う無意識のなかに、強引に「あのひと」をおしこめてしまった。夢の歌に、無意識の内容がほとばしりでてくるのはそのためなのだろう（筆者の独断と偏見による）。なお、女院（待賢院璋子《あきこ》）は崇徳院の母である。彼女の不思議な魅力が内乱を生み貴族荘園社会体制の崩壊を予定よりも早くもたらしたのかもしれない。

（北浜　邦夫）

3　夢と子どもと現実と

急速に増えている夜型の子ども

ここ10年ほど、子供の夜型化をテーマに、その要因や睡眠習慣などを調べてきました。夜型といえば大学生ですが、朝型—夜型度の度数分布（7～28点の範囲）が正規分布からずれていって、片側分布みたいな形になってきています（104ページ参照）。この傾向は低年齢化しつつあり、2～3年ぐらい前から幼児が夜型化していると思われる所見も表れ、教育現場では子供たちの睡眠を問題視している先生方が増えています。

そういった傾向と夢の関係の中で、私は悪夢との相関関係など、夜型化による精神衛生上の問題、あるいは精神発達の問題に興味をもっています。自然科学の研究対象としての睡眠は、大脳生理学によって解明が進んでいますが、子どもの睡眠については、小児期によくみられる睡眠障害のひとつとしての悪夢に注目する必要があると思います。悪夢は、3～6歳児に多く、10～50％が経験します。

人間のからだには、ほぼ一日を周期として活動と休息のリズムを刻む時計があり、睡眠もまた、レム睡眠（65ページ参照）とノンレム睡眠という二つの眠りを、大人の場合、約90分の周期で

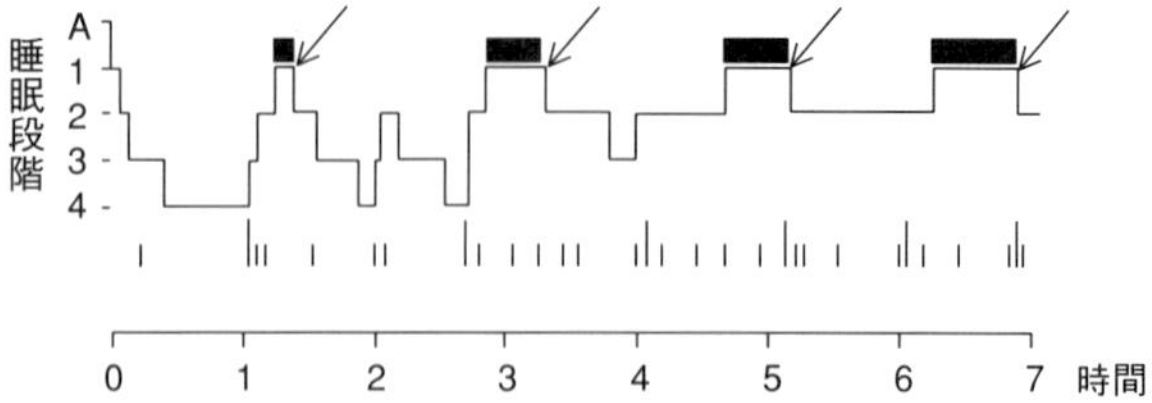

図1　睡眠経過図（Dement & Kleitman, 1957）

睡眠段階、A：覚醒、1～4：ノンレム睡眠、黒帯：レム睡眠、矢印は睡眠周期の終了時点を示す。
下段の縦棒は寝返りなどの粗体動（長）と局所的な体動（短）を示す。

繰り返しています（注）。一般に、人間の眠りは、ごく浅いノンレム睡眠から徐々に深くなり、そこから浅いノンレム睡眠に戻って、今度はレム睡眠に入るという一連の流れを90分をひとつの単位として繰り返しています（図1）。

この睡眠のリズムが夢と関係しているのです。

注　ノンレム睡眠とは、レムのみられないふつうの睡眠を表す。本書では、レム睡眠をレム期、ノンレム睡眠をノンレム期と呼ぶ場合もあるが、内容は同じである。

夢は、レム睡眠で見る

ほとんどの夢は、レム睡眠において見られることがわかっています。「体の睡眠」と呼ばれるレム睡眠では、外界からの感覚情報はある程度遮断されており、脳で外界からの情報を処理してアウトプットしても、途中でやはり遮断されているために、行動として表れることはありません。ただし、テレビをつけっぱなしで眠ると、テレビの中のニュースの内容が夢の中に入ってきて、夢の中で起こっていることと一致することもあるので、必ずしも遮断されているわけではないのかもしれません（182ページ参照）。

悪夢を見ているときは心拍数と呼吸数が若干増加したり、ベッドから落ちたりします。内容のある夢というのは、レム段階で73％出ているのに対して、ノンレム期では23％しか出ていません。夢を見ているレム期には、脳幹からの刺激によって、大脳皮質にたくわえられた記憶などがひきだされて、夢のカプセルが開くような印象があります。

また、「個体発生は系統発生を繰り返す」というヘッケルの説からすると、新生児の段階でレム睡眠の時間が長いことから、進化の過程にある他の動物に「体の睡眠」の多いことが推測されます。子供の睡眠の中でレム睡眠の割合が減少して大人並みになっていくのは10歳ぐらいです。レム睡眠が短くなり始めると悪夢を見るようになるので、この頃の脳の発達と悪夢とに何か関係がありそうです。

体内時計と眠りのリズム

私は人間の体内時計に興味があるのですが、時間生物学では、複数振動体（二振動体）説がかなり有力とされています。これは、人間のからだに主時計（マスター）と、第二時計（スレイブ）という二つの時計があるという説で、主時計が、「昼間は交感神経、夜は副交感神経」という自律神経の切り替えなどの基本的な生理的スイッチを支配しているのに対し、第二時計が、睡眠

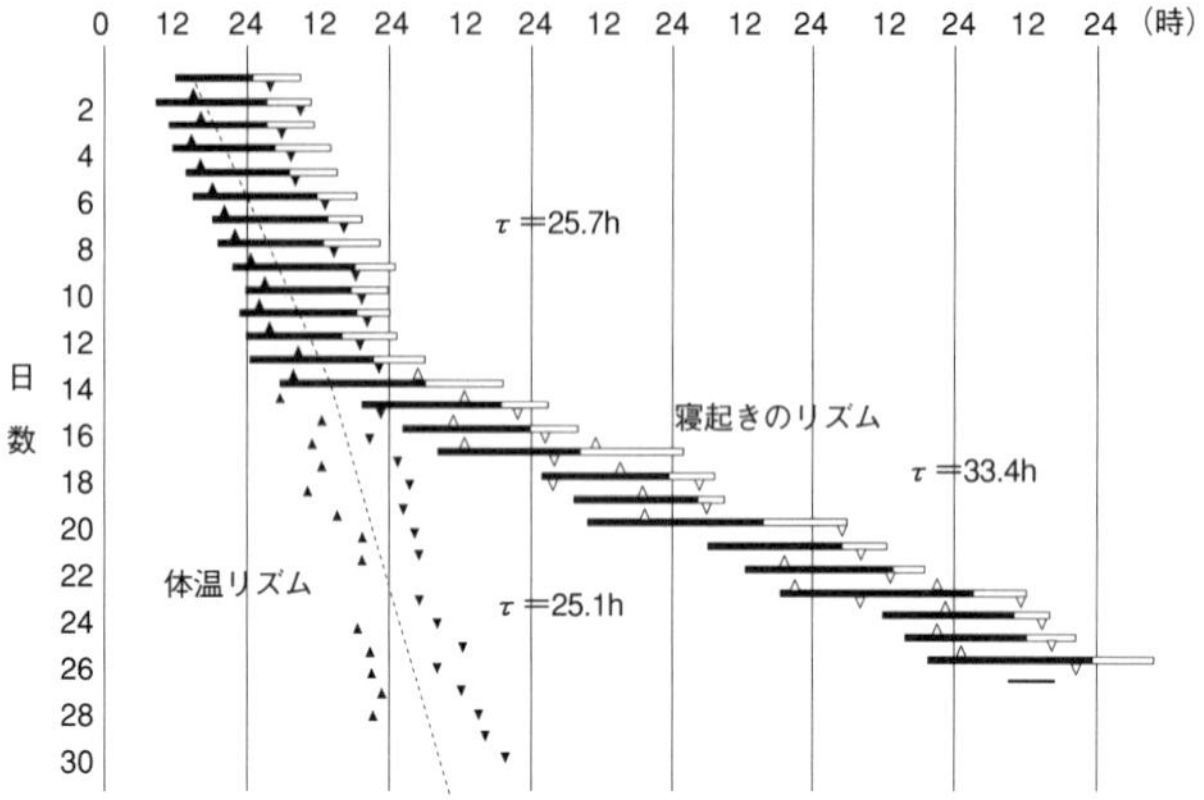

睡眠覚醒リズム（━━━━）と体温リズム（▲、▼）の内的脱同調

図2　内的脱同調の例

覚醒リズムと関係しているらしいのです。

これを証明する実験として、研究協力者を時間の情報がわからない時間隔離実験室に閉じこめて、寝たり起きたりするリズムを記録していくと、最初は約25時間を周期とするひとつのリズムだけが表れます。二週間くらい経つと、約20％の人に二つの周期をもった別々のリズムが表れてきます。体温リズムは約25時間の周期で安定しているのに対し、睡眠と覚醒のリズムは、25時間から外れて、33時間周期のリズムになります（図2）。

精神医学では、すべての精神疾患の約四割が、こういった「時計が外れる」内的脱同調と何らかの関係があるといわれています。例えば不登校などで子供たちがひきこもり状態になると、ほとんど家の中で時間隔離実験室にいるような環境になります。しかもこれは都会に限らず、高知県の山間部の小学校でも、多いところでは教室の一割が不登校でひきこもっていたりします。郡部にいるからといってみんな健全とはいえないのです。

このように時計が外れることで、精神的に落ちこみやすくなったり、うつ病を誘発するのではないかということに、最近はほぼ確証が得られつつありますが、さらに、これに悪夢などが加わると、怖い夢を見た日は、ずっとその記憶が残っていて、ますます精神衛生上に問題を引き起こしていくということも考えられます。

レム睡眠は時間通りに出る

レム睡眠とノンレム睡眠が体内時計（概日時計 circadian clock）で支配されているということは、実験によってある程度わかっています。学生を、正確に20分間ベッドで眠らせ、20分間起こすことを三日間続け、脳波を測定するという実験があります。規則的に20分の眠りと20分の覚醒が与えられることは時間情報がないに等しく、本人には時刻もわからない状態ですが、驚いたことに、レム睡眠は必ず一日のある特定の場所で、ぽわっと出てくるのです。これはもうからだに備わった時計に支配されているとしかいえません。

レム睡眠時に夢見が起こり、そのレム睡眠が基本的に変動しにくい主時計に支配されていると仮定します。たとえば、時差のあるところに行っても、先にずれていくのはスレイブとして従属する第二時計です。主時計の位相はなかなか変化しにくいので、二つの時計が外れ、内的脱同調を起こし、「時差ぼけ」の状態になります。ですから、もしレム期がこの主時計に支配されているとすると、朝型の子どもも夜型の子どももレム睡眠の位相は変わりませんから、平日には学校があるので、ほぼ同じ時刻に同じタイミングでレム睡眠から目覚めるため、夢を覚えている程度や時間にちがいはないと考えられます。

逆に、レム期が第二時計に支配されていると仮定すると、レム期の位相も睡眠の位相と一緒に変動します。

もともと睡眠の位相が後退した極端な夜型の子が、朝10時まで寝ていたら、レム期も後ろにひきずられてくる。朝型の子は、睡眠相が前にシフトしていたら、レム期も前にシフトする。そうすると、朝型は夜型よりレム期が早い時間帯に出てくることになります。

夜型の子は、平日は、睡眠が十分にとれないうちに起こされているので、レム睡眠の途中、つまり夢見の最中に起きることになり、夢をよく覚えていることになりますし、朝型の子は、レム睡眠を十分とったあとで自然に起きますから、夢をよく覚えていないのです。

からだに備わった二つの時計のうち、レム期を支配しているのが主時計か第二時計かには非常に興味があります。夜型で夢見が増え、しかもそれが悪夢の場合、一日気分悪く過ごすのは、私たちがよく経験することです。それが内的脱同調のような状態になる精神不安定と重なることによって精神衛生悪化の不安があると考え、次のような項目について調べてみました。

「夢と睡眠に関するデータと仮説」

（対象―高知県内医療専門学校生168名、2003年データ）

○夢をどれくらい見る？

「毎日見る」は女の子のほうが若干多く、25％ぐらいが頻繁に夢を見ているか、ほぼ毎日のように夢を見ている。色については、「大体色つきのほうが多い」と答えた学生が、男性で100人中約80人、女性の場合は60人中50人。睡眠深度が浅く、睡眠の質が悪いほど、夢を毎日見る人が多い。

○夢の内容、どれくらい覚えてる？

「全く覚えていない」「直後覚えているけれども、すぐ忘れる」「しばらく覚えている」「次の日か、それ以降まで覚えている」などといった夢を覚えている期間（夢見の強さ）を調べると、「しばらくかそれより長く覚えている」のは男性で40％弱、女性でも61人中26人とほぼ半数。

また、「昼間よく疲れる」「寝つきが悪い」「夜型」「睡眠不足」「眠りが浅い」などの悩みがある子ほど、夢の内容を長い時間、よく覚えている。

○金縛りがよくある？

「金縛りがある」が、女性で63人中11人、男性も3割程度で、頻度は、「週に4～5回」（1人）のほか、「週に1度」（1人）、「月に1回」が8人（4・8％）、その他、「半年に1回」（14人）「年に1回以下」（16人）をあわせると、金縛りの頻度の少ない人は30人で17・6％。

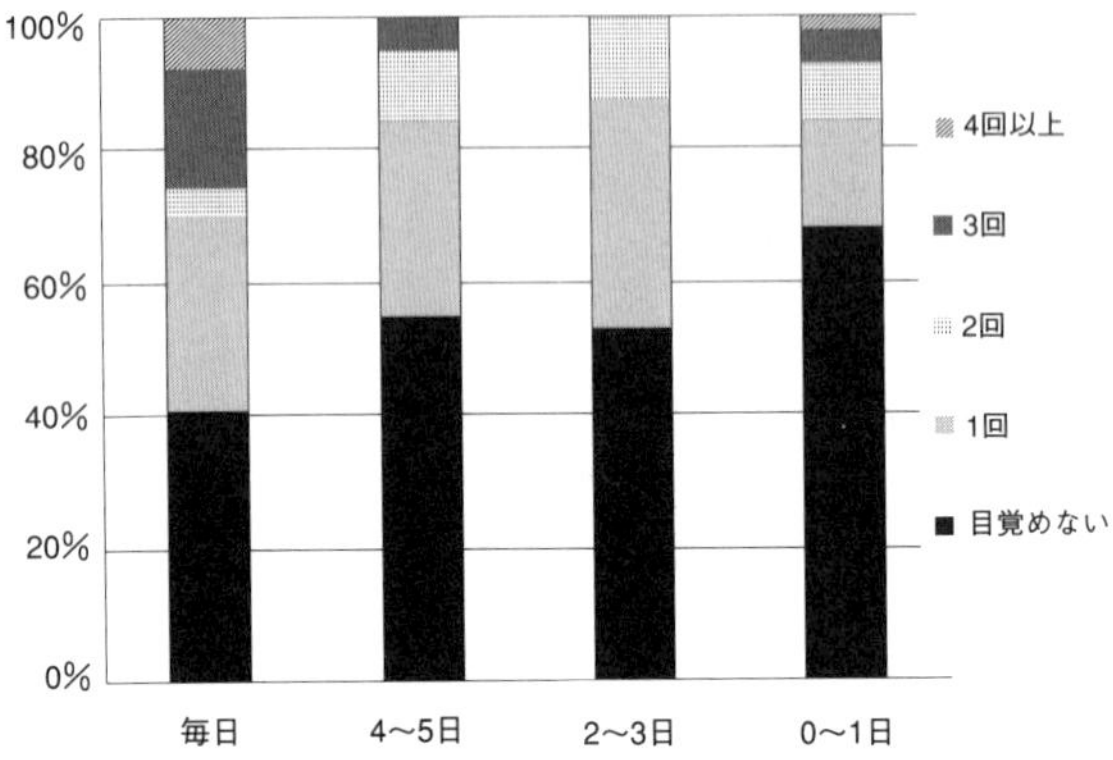

χ^2-test：χ^2cal=26.141, df=12, p=0.010

図3　1週間の夢見の頻度と中途覚醒の頻度

○どんな夢を見る？

「いちばんよく見る夢」では「楽しい夢」が154人中95人で6～7割。次に多いのは、「怖い夢」（28人）。怖い夢を見る頻度は、男の子よりも女の子のほうが高い。

○途中で目が覚める？

中途覚醒（途中で目が覚めること）は、夢を毎日見る子に多い。夢見の頻度が高くなればなるほど中途覚醒が増える（図3）。中途覚醒がレム期に起こると、その時見ていた夢を記憶しているという意味かもしれない。いずれにしても夢をよく見る人は睡眠の質に問題があるといえそうだ。

夜型化で怖い夢が増える

　夢の中で経験する感情あるいは情動について、楽しさをプラス、怖い、楽しい、悲しい、寂しい、腹立たしいをマイナスとし、トースバルとアーカーシュテット（Torsval & Åkerstedt）がつくった7つの質問項目で、朝型、夜型の傾向を調べることができます。表1の7つの質問への回答の合計得点（7～28点）は朝型―夜型度（M―Eスコア）と呼ばれ、このスコアが大きいほど朝型傾向があります。

　私が専門学校生168人に対して調査を行ったところ、楽しい夢を見た学生のM―Eスコアの平均値は14・1点と、比較的朝型であることがわかりました。逆に怖い夢や寂しい夢を見た学生は、非常にスコアが低く（12・4～13・2点）、夜型の子ほど、マイナスの夢をけっこう見るという仮説が導かれます。これはあくまで仮説で、どうして情動と関係があるのかについてもまだよくわかっていません。24時間型の現代社会で、子供たちがどんどん夜型化していくのと併行して悪い夢を見る頻度も増え、それが心の健康に関係するのではないかと思っています。

　石原氏と福田氏の疫学調査によると、30年前と今日とを比べて、日本の小学生から高校生の睡眠時間が1時間短くなったそうです。この30年の間に、子どもたちの床につく時間が遅くなり、その傾向は現在も進行中です。

1．もし、1日8時間の学習を含めて自由に予定を組むことができるとすれば、何時に起床しますか。
（4）6：30以前　（3）6：30～7：29　（2）7：30～8：29　（1）8：30以降

2．もし、1日8時間の学習を含めて自由に予定を組むことができるとすれば、何時に就寝しますか。
（4）21：00以前　（3）21：00～21：59　（2）22：00～22：59　（1）23：00以降

3．もし毎晩9時に就床しなければならないならば、どの程度容易に眠ることができますか。
（1）大変難しい一寝床の中で長い間起きているだろう
（2）どちらかといえば難しい一寝床の中でしばらく起きているだろう
（3）どちらかといえば容易一短時間で眠ってしまうだろう
（4）大変容易一すぐに眠ってしまうだろう

4．もし毎朝6時に起床しなければならないならば、どの程度容易に起きられますか。
（1）大変難しくて不快だ　（2）どちらかと言えば難しくて不快だ　（3）少し不快だが起きられる
（4）容易に起きられる

5．ふだん疲れを感じ、眠くなるのは何時頃ですか。
（4）21：00頃　（3）21：00～21：59頃　（3）22：00～22：59頃　（1）23：00以降

6．朝起きてからいつもの調子に戻るまでどのくらいかかりますか。
（4）0～10分　（3）11～20分　（2）21～40分　（4）41分以上

7．午前中と夕方では、どの程度活動的で調子がいいですか。
（4）非常に活動的なのは午前中（午前中調子がよく、夕方だるい）
（3）ある程度活動的なのは午前中
（2）ある程度活動的なのは午後
（1）非常に活動的なのは午後（午前中だるく、夕方調子がよい）
****
※（　）内は点数

表1　朝型—夜型質問紙　Torsval & Åkerstedt（1980）日本語版

学校に行くために、朝起きる時刻は7時ぐらいと、30年前とまったく変わっていないので、睡眠時間が短縮し、一九九九年の段階で、小学校の高学年で8時間強、中学生で約7時間、高校生でも6時間を切りつつあり、それにともなって睡眠不足を感じる子が増えています。

子どもが日付が変わってから眠りにつくのがよくない理由は、成長ホルモンの分泌が盛んになるのが、ちょうど午後11時頃から午前1時までに出現する最初の徐波睡眠（ノンレム睡眠のうちステージ3と4の深い睡眠）のときにあたっていることです。つまり、この時間帯に起きていると、成長ホルモンの分泌が悪くなるので、からだの成長そのものが悪くなるのです。

朝型―夜型質問紙を使って、「もし1日の予定を8時間の学習を含めて自由に組むことができるとすれば、何時に起床しますか」と問いかけると、朝型の子は「6時半ぐらい」、夜型の子は、「8時半以降」と答えています。朝型―夜型質問紙の7項目のうち3項目は、このように起床のポイント、別の3項目は就寝のポイント、そして最後1項目として「午前と夕方と、どちらが活動的か」と活動のピーク時を聞いています。これら7項目の合計点である朝型―夜型度と、寝起きのリズムとの関連をみると、夜型の子ほど平日の就寝時刻が遅く、睡眠時間も短くなっています。

「女の子は朝型」神話の崩壊

最近、子供たちが年齢によって朝型から夜型へどの程度変化するかを基礎データとして調べているのですが、小学校5年生ぐらいまでは、約18ポイントと非常に高くなっており、朝型を示しています。さらに小学5年生から中学1年生にかけての第二次性徴のころにこの数値がストンと下がるところからみて、夜型化と性的な成熟との関係が推測できます。

一九九八年と二〇〇〇年のデータを比較すると、明らかに子どもたちが急速に夜型化してい

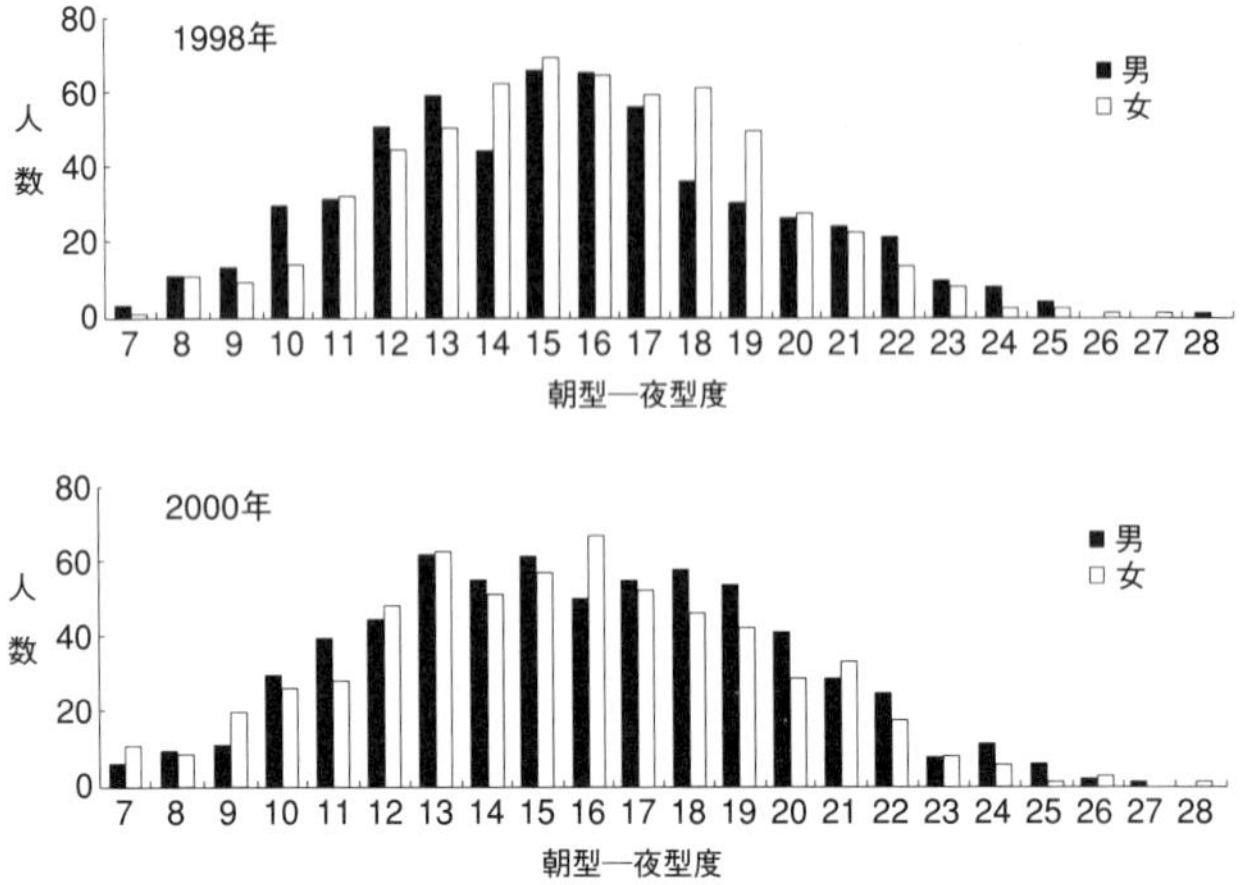

図4　朝型—夜型度分布（1998年と2000年）

ることがわかります（図4）。白の山は女の子の朝型—夜型の分布ですが、世界共通で「女の子は朝型」というデータに基づいた見解が存在し、日本はとくに男女差が大きいといわれています。ところが、一九九八年から二〇〇〇年にかけて女の子たちが一気に低スコアの夜型にシフトし、中学生から大学生までは男女差がみられなくなりました。しかし、その2年後には、大学生の場合、男の子が再び夜型になり、どうやら2年遅れで女の子に追随しているようです。

高知市内の中学生の場合、女の子たちの夜型化はその後も進行し、二〇〇三年にはついに女子中学生は男子中学生より夜型になってしまいました。

性成熟と朝型—夜型との関係については、中学生の女の子を、①初潮をみてから1年以内かまだ初潮が来ていない、②1年以上経った子、③2年以上経った子に分けて、朝型—夜型傾向を調べました。ここからわかることは、

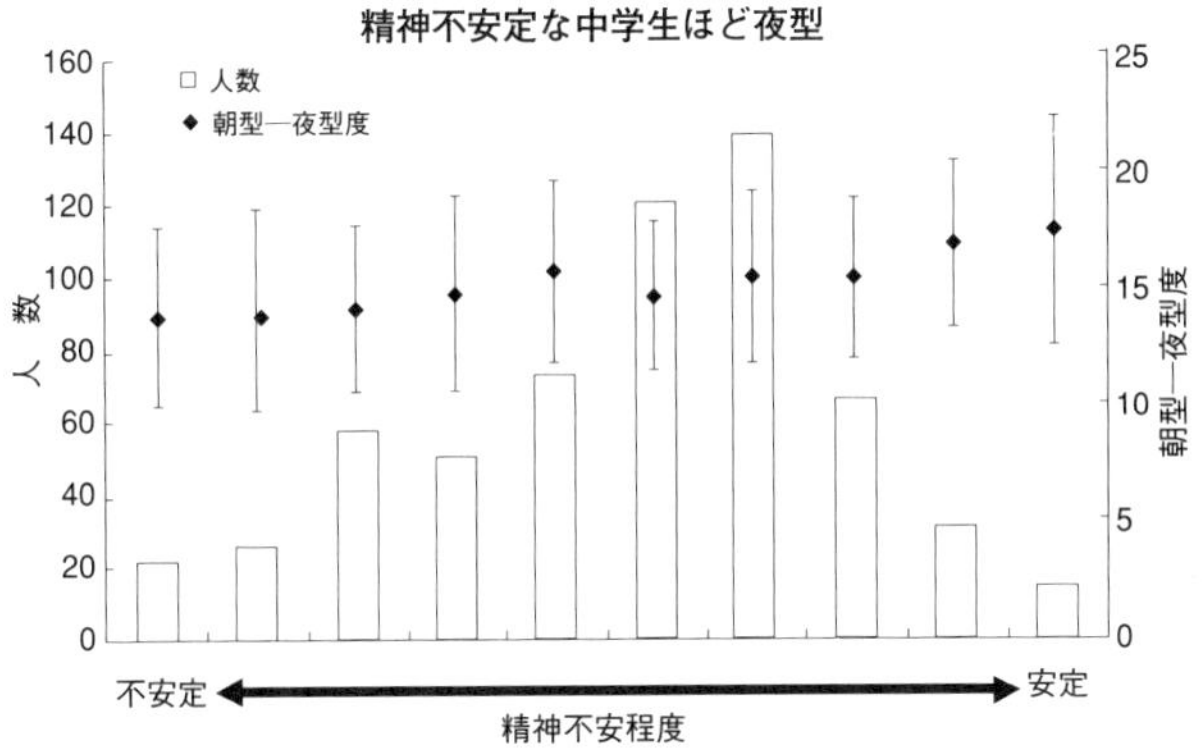

図5　中学生の精神不安定度と朝型—夜型度

初潮をみていないか初潮をみて1年以内は、16・19、15・87と朝型—夜型度が非常に高く朝型だったものが、初潮をみて1年経つと、数値が14・55〜14・85へとストンと下がるのです。つまり性的に成熟することが、夜型化を引き起こすといってよいと思います。

夜型でキレル子どもが増える？

夜型化と精神不安定の関連について、「怒りっぽいか」「いらいらするか」「落ちこむか」という三つの質問をし、その総合得点から精神不安定度を表すと、左に行くほど不安定で、すなわち「キレやすい傾向にある」ことがわかります。図5の縦軸は、朝型—夜型度を表し、上に行くほど朝型です。統計的にも、精神不安定になる子ほど、夜型になるという傾向が中学生でも出ています。

体内時計に一番重要な「時計合わせ因子」は、太陽光を含め昼間に光をどれだけ浴びるかということです。また、すでに行われている研究でも、色温度が重要視されていて、青っぽい光で波長の短い光――色温度が高い光――は、夜の時間帯、つまり日没から12時ぐらいまでにこれを浴びると毒ですが、これを朝または昼間に受けると薬になるといわれています。

昼間の光環境や寝ているときの光環境（豆球か蛍光灯か真っ暗かなど）の睡眠習慣への影響について質問紙で調べてみると、床に入ってから眠りにつくまでにかかる時間（入眠潜時）が、昼間太陽光を遮断する傾向のある子ほど長く、寝つきが悪いことがわかりました。中には、床に入ったまま、40分から60分ほど眠れないという子もいます。

これはいかに昼間の太陽光が重要かということを表しており、昼休みに外で遊んでいる子が、中で遊んでいる子より朝型であるなど、統計的に有意差がみられます。

光にはどんな働きがあるのか

老人に対して光照射を行うと、夜間のメラトニンの血中への分泌量が上昇してきます。脳の松果体から分泌されるメラトニンというホルモンにはリズム調整効果があり、また睡眠効果があるという説もあります。通常、夜の10時か11時頃に分泌量が上がり、早朝6時ぐらいになると下がってきますが、老人になると、メラトニンの分泌が悪くなるため、中途覚醒や夜間の徘徊などが出てきます。こういった場合、昼間に日光を浴びるようにすると、夜間のメラトニン濃度が平均より上がり、不眠の症状が改善されます。

また、睡眠環境という観点からは、カーテンで遮光するかどうかも大きな問題です。好きな時刻に寝てもよいという条件で、「いつ寝るか」と聞くと、普段遮光カーテンを使っている子は、就床時刻が遅いという傾向があります。光を透過するカーテンで眠ると、ノーマルな睡眠・覚醒習慣がありますが、遮光カーテンにすると、就寝時刻の位相が遅い時間帯へシフトし、夜ふかしになっています。やはり私たちは、朝の窓から入ってくる光で、からだの時計を合わせていることがわかります。

生活の中でカーテンをどうするかは意外に重要で、子どもの夜型化矯正には、南側か東側に窓がある部屋を子供部屋とし、子どもには、朝になったら光を感じられるように窓にレースのカーテンなどをかけ、窓のそばで寝かせるのが有効です。

照明と眠りの関係

ＮＨＫとの共同研究で、10人の中学生のグループを２つに分けて、照明と夜間メラトニン濃度や眠りとの関連を調べたことがありました。２つの部屋をつくり、ひとつには、子どもたちが坐ったときの目の位置で照度２０００ルクスになるように天井から蛍光灯をぶらさげ、もうひとつにはあたたかい橙色で色温度の低い60ルクスの光を発する裸電球（白熱灯）を置いておきます。照度とは、照明によって照らされた場所の明るさのことをいいます。

昼の12時頃から、みんなを同じように戸外で遊ばせて、夜の7時半から3時間を2つのグループに別々の部屋で過ごさせたあと、みんなを300ルクスぐらいの部屋に集め、過ごさせます。その間、9時45分、10時30分、11時30分の3時点で彼らの唾液を採取し、メラトニン濃度を測ります。これは、唾液中のメラトニン濃度が血中メラトニン濃度をよく反映するためです。

実験時との対比として、2種類の照明を浴びる前の日、各家庭で夜、蛍光灯で過ごす中、午後10時半か11時に唾液を採取します。また、2000ルクスの明るさで過ごした「明グループ」のみ、5日後の午後10時30分ごろにも唾液をとりました。

「明グループ」は、前の日には1・46 pg/mlぐらいだった唾液中のメラトニン濃度の平均値が、0・5～0・6 pg/mlに抑えられ、明るい照明から逃れて1時間ぐらい経過した午後11時30分になっても、非常に低い状態が保たれています。

60ルクスの「裸電球グループ」では、前日3・5 pg/mlだったメラトニンレベルが、実験当日、6・98 pg/mlまで一気に上昇し、おそらく蛍光灯で過ごした前の日に比べ、メラトニン濃度が倍ぐらいになるのです。

ここからわかることは、普通の家庭生活で思春期の中学生や、もっと小さな子供たちが、夜、蛍光灯の下で過ごすことにより、メラトニンのレベルを下げて睡眠の質を落としていく可能性があるのではないかということです。日本人は蛍光灯が好きだとよく聞きますが、子供はできるだけ眠る前には照度の低い光環境で過ごしたほうがいいのではないかと思います。

また、明るさだけでなく、色温度(注)も、人間のからだに影響を及ぼします。ここで色温度とメラトニンの関係を調べた森田ら（一九九六年）の実験を紹介しましょう。１０００ルクスの高色温度光を夜間5時間浴びたとき、本来夜間に起こる体温低下が抑えられるとともに、メラトニンの分泌増加も著しく抑制されています。色温度が低いとメラトニンを抑制することはありませんが、蛍光灯やコンビニの明かりなど高い色温度光を浴びると、メラトニンレベルが上がらず入眠がうまくいかないため、夜間にこの種の光を浴びると毒になることがわかります。

注　色温度……紫、青などの波長の短い光を高色温度光、赤や橙色など波長の長い光を低温度光という。

会話と食事

光の大切さはおわかりいただけたと思いますが、これ以外にも、「家族と会話するか」――専門用語では社会的同調因子といいます――が、朝型―夜型と関連し、会話するほど朝型―夜型度が高くなって、朝型になります。これは男性より女性に顕著で、よく会話する女の子ほど朝型傾向があります。会話は、おそらく食事と関係するのではないかと思います。朝食をとるタイミングを横軸に、縦軸に朝型―夜型度を表すと、当然ながら朝食をとる時間が遅いほど朝型

—夜型度が低く夜型で、規則的に食事（朝食や夕食）をとる子は朝型になります。生活の中で家族と一緒に食事をとることはとくに重要です。

イタリアの子どもは、きわめて朝型傾向が強く、睡眠時間も日本の子どもより1時間長いという興味深いデータがあります。そこで食事についてみてみると、イタリアでは、義務教育の子どもは学校で3回食事をとるのです。一つはモーニング・ティーの時間の10時半、それから昼食は12時、午後のティータイムが3時にあり、そのときにミルクやジュースと一緒にビスケットやサンドイッチなどが出て、みんなで食べます。夕食は当然家族一緒です。クリスマスに彼氏とデートがあっても、とりあえず家族全員でクリスマスを祝ってから、彼氏と出ていくらしいのです。しかも、朝ご飯も、やはりみんなで集まって食べます。

日本では子どもがひとりで食事をとっている光景は珍しくありませんが、こんなところからもイタリアの子どもの朝型の理由が説明できるのではないかと思います。

これ以外にも、いくつかのデータから、次ページのような条件で、朝型と夜型が決まることがわかっています。いずれにしても、24時間型社会の進行が加速し、子供たちがますます夜型化の波に巻きこまれていくことが、悪夢を増やし、精神衛生に問題を生じるのかどうかを、これからもみつめていきたいと思います。

「こんな子は朝型」

○決まった就寝時間があった

「小さいころに、親に眠る時刻を決められていたか」を中学生を対象に調べると、決められていた子のほうが、決められていなかった子に比べて朝型傾向が中学生まで持続していた。ただ、この傾向は高校生頃消失。

○運動をする

朝、運動を「する」子のほうが、「しない」子よりも朝型。朝の光の影響もあるが、夕方の運動でも同じ傾向が出る。

「こんな子は夜型」（2001～2002年データ）

○1回20分以上、毎日、携帯電話をかける

携帯電話で1回の通話時間は20分が境になっており、20分を超えると夜型になる。「1時間以上」が女子中学生で25％以上。中学生で、携帯電話を「毎日使う」または「長電話をする」ほど夜型になる。電磁波の影響があるという説もある。

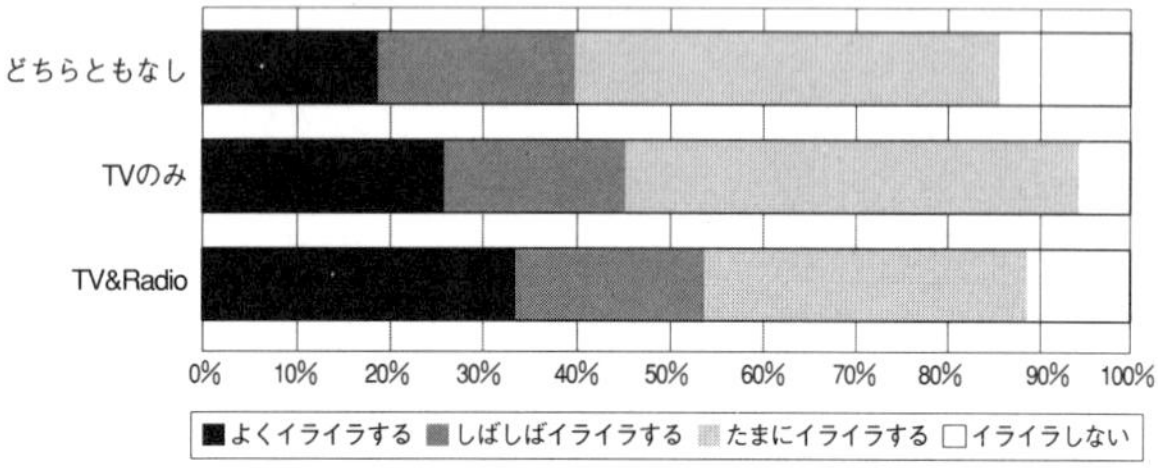

図６　深夜番組の視聴とイライラ度の関係（中学校・市内）
（χ^2-test：χ^2-cal=*27.16*, ***df***=9, $p = 0.001$）

○夜、コンビニに30分以上いる

大学生・専門学校生では、「毎日」と「週４～５回」をあわせて25％で、中学生では10％強。利用時間帯で多いのは、学生が21時～23時、中学生は17～21時。日没後など夕方より遅い時間帯にコンビニで照度２０００ルクスの光を浴びることになり、夜型となる。利用頻度の高さと睡眠時間の長さは反比例しているが、夜、立ち読みなどで30分以上コンビニにいて、睡眠時間が減るのは当然といえば当然。

○深夜番組をよく視る

「11時以降の深夜番組をよく視る」→「夜型の生活」→「イライラする」の図式が成立する可能性がある（図６）。深夜のラジオやテレビの視聴頻度の高い子を、どちらも視聴しない子と比べると、明らかに「イライラする」子の数が増えている。深夜番組を視聴すると夜型になり、夜型になると時計が外れやすくなって、イライラするともいえる。

（原田　哲夫）

夜型談義

高田　夜型で夢を見る頻度が高くなるということだけど、悪夢も増えますか。

原田　増えます。夜型で、時計が外れやすくなるという気がするんです。

渡辺　もともと朝方にレム睡眠が多いわけだから、レムで目覚めて「夢を見た」という感じになる。朝は体温も低下しているし、うつ状態になりやすいのでしょうか。朝起きると大体、絶望的な気分で目が覚めるのです。だんだん夜になると、希望がわいてくる。

豊田　睡眠時間が短くなるからではないでしょうか？

原田　ふだんは、無理やりたたき起こされている。その中でも、学校に行くぎりぎりまで寝ているか、だいぶ前に起きるかで、少しちがうかと思います。夜型と朝型で、休日の起床時の差はものすごく大きいのです。

僕がいちばん心配しているのは、学童期までに、毎晩11時、12時まで起きて蛍光灯の光を浴びることで、体内時計の位相がまだきちんと固まっていない、生理的にでき上がっていない子どもが多くなることです。かつてないような健康上の問題が出てくるのではないかと思うのです。

豊田　コンビニの照明の話が出ましたが、われわれの家庭環境も、けっこう明るいのではないかと思います。コンビニと家の照明は、かなりちがいますか。

原田　ちがいます。コンビニは、目の高さで2000～2500ルクスありますが、一般家庭ですと、非常に明るい家庭でも600ルクスぐらいです。とにかくコンビニの明るさは異常ですね。

重田　夢と睡眠の深度や頻度についてですが、それは主観による評価ですか。

原田　自己申告なので主観的評価ですね。何とか疫学調査をするために直接のデータを取りたいと思いますが、教育現場では唾液をとるのも、ものすごくむずかしいですね。

高田 最近のプライバシー保護は、すごいですからね。

原田 お医者さんなら病気を治すための基礎データだといってとれるのですが、健康な子たちは、とられる理由がないのです。

重田 先生のメッセージは、未来を担う子供たちに、ぜひよい夢をたくさん見てもらって、創造的文化を生み出すためにも、早寝早起きをしましょう、ということですよね。

原田 はい。今の社会を動かしている人たちは、子供のときすごく健全な生活をしていたと思います。だから、子供の間だけ、つまり成人になるまでは、徹底して子どもたちが非常に健全な生活ができるよう、社会が子どもを育てていければと思います。

重田 日の出とともに起きて、日の入りとともに眠るような？

高田 子供のころから、大人のまねをさせるのは、やっぱりよくない。

豊田 大人が子供に時間を決めて寝かせるというのも、多分少なくなってきていますね。

原田 子供は隠れてこっそりテレビ深夜番組を視ると き、部屋の照明を消して視ると、てきめんに睡眠が乱れたり、睡眠の質が悪くなったり、睡眠時間が短くなったりします。暗い中でディスプレイに集中するという心理的な効果なのか何かよくわかりませんが。

高田 それは、生物進化と環境変化の不適合に由来するのでしょう。人間のからだは、類人猿との共通の祖先から分岐してから、最小に見積もっても四百万年ぐらい経っている。それに対して、電気が出てきて、せいぜい一五〇年、電子技術に至っては五、六〇年しか経っていません。これではからだが、環境変化に追いつけるわけがない。同時に、そうした変化に適応する文化も追いついていないのでしょう。

原田 昔、学生でものすごく変わった子がいて、授業中、午前中爆睡しているのです。それが普通の寝方ではなくて、机の上で完全に寝ているのです。すごく優秀な子で、教諭になったのですが、授業中に「はい、ドリルをやりましょう」と言って、がーっと寝てしまうことがたびたびあったと思われます。
光療法とかいろいろ試したのですが、よけい悪くなったりするのです。で、下した結論。この子は反夜行性だと。その子を隔離実験室で明暗サイクルのある部屋に閉じこめたら、ちょうどふつうの人より6〜10時間遅れた位相で明暗サイクルに合うような生理的な形質をもっているのでしょう。

高田 朝日新聞の四コママンガ「ののちゃん」の藤原先生も似たようなものですね。いつも二日酔いや夜更かしで、授業中に眠ってるでしょ？
ところで、昼型人間が夜型社会に無理に適応しようとすると、早死にするとか、そういう問題が起こるのでしょうか。

原田 そうすると昼行性動物は夜行性動物の職業に就けない？

鳥居 もう少し夜型のいいところを探せないものでしょうか。

原田 夜型化のいちばんのよい特徴は、融通が効くことです。不規則な生活に強い。交代勤務には圧倒的に夜型が強くて、朝型は逆に融通が効かない。

渡辺 十九世紀ヨーロッパ貴族は、午後に起き出して、夜会に行って、朝方に夜会から戻る。貴族社会はもともと夜型だったのですね。

原田 たとえば、夜型の人と朝型の人が結婚した場合や、朝型どうしの結婚、夜型どうしの結婚で、それぞれの遺伝的影響を考えるとおもしろいかもしれませんね。夜型の人は24時間型社会に乗ってどんどん進化していくし、朝型の人たちは子供も早く寝て、自分たちも早く寝てという、そういう健全なグループも維持されていく。朝型と夜型がくっつくということも、たぶんあると思います。

渡辺 「おたく」の評価も最近は高まっていますよね。日本の主要な輸出文化にもなっている。

重田 中間型が栄えるのかな。

高田 睡眠科学の立場からすると「早寝早起き」がいいということになる。しかし、それをめぐる価値観の側は「文化」ですから、さまざまな様相を露わにする。そこで、強引に価値観を統一したら、遺伝形質のちがう人たちも、みな共存できますよということにはなる。しかし、それは無茶な話でもありますね。

鳥居 睡眠文化というのは、今までの睡眠科学とはちがったいいことが始まるような話に期待しているのです。だから、夜型のいいところも言って、みんなにいいサジェスチョンをしてもらわないと。

高田 学校などの場合、教師にも夜型、朝型がいるわけでしょ？ なら、夜型のための学校、昼型のための学校があるというのが、一番いいのですが……。

原田 自然のリズムに合わせて、大人の世界から子どもを隔離する。

重田 睡眠を文化として研究するという立場は、いわば何でもありの立場ですね。ですから夜型でも朝型でもどちらでもいいのだと言っておけば、みんな安心してそれぞればらばらに、面白いことをやっていって、うまくいく。そういう肯定的な姿勢で、もし相手が、こちらが悪いと言えば、いやそうは言ってもいいこともあるよと一所懸命言っていく必要があるのではないかと思います。

高田 ただ、そのためには、個々の人間が、いつ寝て、いつ起きるか。睡眠は何時間が適切なのか。それを自分のからだに合わせて認識する必要がある。そのためには、自分自身のからだの声を聞く能力が不可欠です。ところが、学校をはじめ、現代の教育は、そういうことを全然、教えてくれない。という意味では、一般に自分自身のからだの声を聞く。そういう認知の回路を育てることが、とくに眠りに関しては、非常に大事なのだという気がしますね。

原田 睡眠に関する知識を、大人も子どももある程度もって、自分は朝型か夜型か、自分はどういう特徴をもっているのかなと、考えていくといいですね。

渡辺 実際にからだの声を聞くためには、センシティビティを高めるためのトレーニングが必要になってくるかも。

高田 眠りに関してではありませんが、そういう「自分のからだの声を聞く」というトレーニングを、実は日本の武道は非常に熱心に追求してきたようです。例の「ナンバ歩き」をはじめ、ここに来て日本の武道が、改めて注目を集めているのも、こうしたことと関連があるように思います。

夢を楽しみ、役立てる

昔、ある企業の新製品開発研究会で、西堀栄三郎さんに出会ったことがある。一九五七年の第一次南極越冬隊で隊長を務めた人だ。

その名刺が、傑作だった。「Dr. Etesan E. Nishibori」と記してある。「エテサン」は「エテ（猿）のように器用に」いつも手と体をこまめに動かしていた少年時代からのアダ名なのだそうだ。外国には当時、本名だと思っている学者がいたという。

やがて研究会が始まった。すると、

「南極で石油を輸送するパイプが必要になったんや。けど、そんなもん、あらへん。で、木の棒に包帯を巻き、水をかけて外に放りだしといたら、立派な氷のパイプができた」

こんな工夫が、いっぱい出てきた。

「包帯」「水」「寒さ」は、まるで相互に関係がない。それらに関する簡単な知識を、西堀さんの脳が結びつけて「石油パイプ」のイメージを呼び起こしたのだ。

「頭が柔らかいというのは、こういうことなんや」

どうやら独創的なアイデアは、通常なら無関係な記憶の間のつながりを見つけることで生まれるらしい。そのためには、しかし、モノやコトについて、いろんなことを記憶していることが不可欠である。

そのいずれに関しても「夢」が大きな役割を果たす。

というのも、私たちは毎日、記憶のもととなる膨大な情報に接している。冬なら布団から出たばかりの寒さの感覚、朝昼晩の三食やおやつの味と香り、新聞やテレビの情報、人とのおしゃべりで交わす言葉、動き回る自分自身の周りの風景や音——いかに脳細胞が一〇〇〇億個あっても、そのすべてを記憶すれば、脳の容量はパンクする。

そこで脳は、それらの情報を一種のフィルターにかける。その役割を、前頭葉と扁桃体と海馬という、脳の中の「三兄弟」が果たしている。つまり扁桃体が、ある情報を「生存に役立つ」と判断する。すると、前頭葉が「交通整理係」、海馬が「郵便配達」として働き、脳の別の部位に記憶として蓄積される。これが、その人の記憶となるのだ。ぎゃくに「不要だ」と評価された情報は忘れ去られることになる。

こうした「三兄弟」の活動は、睡眠時以外は、一日中、続いている。しかし、それに加えて夢を見ているときに果たす役割が大きい。睡眠が深くなってくると、脳の奥底から湧きあがってくる刺激によって、脳はやや興奮の度合いを高める。その結果、記憶の貯蔵庫から、視覚をはじめ、さまざまな感覚や経験がとびでてくる。

という意味では、しばしば神秘的に語られがちな「夢」も記憶、それも主として最近の記憶が、視覚を中心とするイメージとして再現されるものに過ぎない。

では、何故わざわざ脳は、眠っている人に夢を見させるのか。それは、ひっきりなしに外部から入ってくる情報をときどき遮断する必要があるからだ。つまり、すでに脳に蓄積された記憶を、その範囲内において、脳のなかで整合的にまとめあげる。その整理のプロセスが、人によって夢と知覚されるのだ。

ただ、その過程では、しばしば記憶の荒唐無稽な組み合わせが、前頭葉によって試みられる。つまり、前頭葉は何とか、とびこんできた感覚や記憶を交通整理しようとする。しかし、目覚めているときのようにはうまくいかない。そのために夢は、ときに現実にはありえない超現実的なイメージを喚起するのだ。

むろん、夢のほとんどは、何の役にも立たない。整合的な記憶のまとまりを生み出す「捨て石」のようなものだといってもいい。しかし、ときに既知の知識と、その体系をくつがえす、価値ある真理を示唆する､運の良い「まちがい」が起こる。ケクレが､ベンゼン環の構造を発見する契機となったウロボロスのイメージなどは、その典型であろう。

冒頭に紹介した西堀さんのアイデアは、いうまでもなく、彼が覚醒時に思いついたものだ。しかし夢のなかで、まるで相互に無関係な記憶が、とんでもない結びつきをすることで生まれる、新しいアイデアもありそうな気がする。そんな夢に出会えたら、夢は楽しいものだということになるまいか。前頭葉は「頭の柔らかさ」を、みごとに体現している脳の器官なのだ。

ただし、夜に見る夢のほとんどは、忘れられてしまう。当然であろう。それらをすべて覚えていると、夢と現実の区別がつかなくなってしまう。

今ひとつ、注意すべきは、夢見の時間としての睡眠を奪われたら、どうなるかだ。脳は、起きているときに記憶の整理をせざるをえなくなる。その結果、覚醒時に見る夢、すなわち「幻覚」が見えることになる。夢を忘れてしまうことも、夢を見ることも、人間の脳には必要不可欠なわけだ。

それだけではない。身体の状態の変化のために、夢を見ることがある。胃腸の軽い不調が、嘔吐の夢を見させる。息苦しい夢を見たあとに病院を訪れて、喉の病気が見つかったという話もある。ときに夢は、目覚めているときには気のつかない微妙な病変に気づかせてくれるのだ。ありがたい夢の役割だと考えることもできる。

今ひとつ、睡眠中に外部から与えられる刺激も、夢の内容に影響を及ぼす。家の外の自動車事故の音で、戦争の夢を見たという話を聞いたことがある。逆に寝室に、小さな音で波の音を流しておいたら、美しいマリン・リゾートでくつろいでいる夢を見たという人もいる。むろん、正確な因果関係どおりには行かない。しかし、楽しい夢を見る寝室の演出は、まるで不可能だというわけではなさそうである。

こうしてみると、ちょっと夢についての知識を増やすことで、それを楽しみ、実生活に活かすことができる。夜、眠っているときに見る夢が、将来に実現したい夢を先取りさせてくれることがあるような気も、しないではない。

（高田　公理）

3章

夢のフィールド

1　さまざまな民族の夢理論

文化によって異なる夢のとらえ方

夢をどのようにとらえるかというのは、文化によって異なると考えられますが、実際に世界のさまざまな民族がそれぞれ夢をどのように考えているかを調べると、かなり多様性があることがわかります。ここでは、各民族が夢をどのようにとらえるかを、それぞれの民族の「夢理論」と名づけることにして、さまざまな民族の夢理論をみてみたいと思います。

夢理論にはかなり多様性があるのですが、いくつかのパターンがあります。第一のパターンは、夢というのは自分の中にある霊や霊魂、魂がからだを離れて体験するものであり、その霊や魂の体験が夢となるのだという考え方です。このとき、霊魂、霊、魂というのがどのようなものを指すかは民族によってちがいます。夢の考え方のもうひとつのパターンは、霊などが自分のからだから出て行くのとは逆に、霊などの何らかの存在が外から自分のからだの中に入りこんできて、それが夢をもたらすのだという考え方です。このときも入ってくる霊の概念は民族によってさまざまです。たとえば動物の霊が入ってきて夢をもたらす考え方もあれば、あるいは、ある人の夢を見たというのは、その人の霊が自分のからだの中に入りこんできて、それが夢となって現れたのだとする考え方もあります。あるいは、「夢」を引き起こすもの、夢そのものが空中をさまよっていて、それがからだの中に入って夢となるのだという考え方もあります。

これらのパターンに加えて、「夢の世界」という存在を前提とする夢理論があります。現実の世界と別の世界があって、夢はそこで起こっているものだという考え方です。そしてその「夢の世界」と現実の世界（あるいは覚醒時の世界）との関係もさまざまです。夢の世界というのは、現実と全く別の世界であるという考え方もあれば、現実と非常に似ている、あるいは現実の世界と連続している世界という考え方もあります。また、夢は未来の世界を表している、という夢理論もあります。夢の内容が占いや託宣などに使われるのはこのような場合です。

以上のように、夢理論にはいくつかのパターンがあることがわかるのですが、ここではさまざまな民族の夢理論の中で、興味深いと思われる四つの事例を紹介したいと思います。四つの例は、メキシコのララムリ族、ネイティブ・アメリカン（いわゆるアメリカ・インディアン）、ニューギニアの高地民族、そしてマレーシアのセノイ族です。夢理論に関しては、これまで多くの民族で報告がされているわけではないのですが、これらの四つの民族に関しては、ある程度その夢理論がわかっており、興味深い報告がなされています。

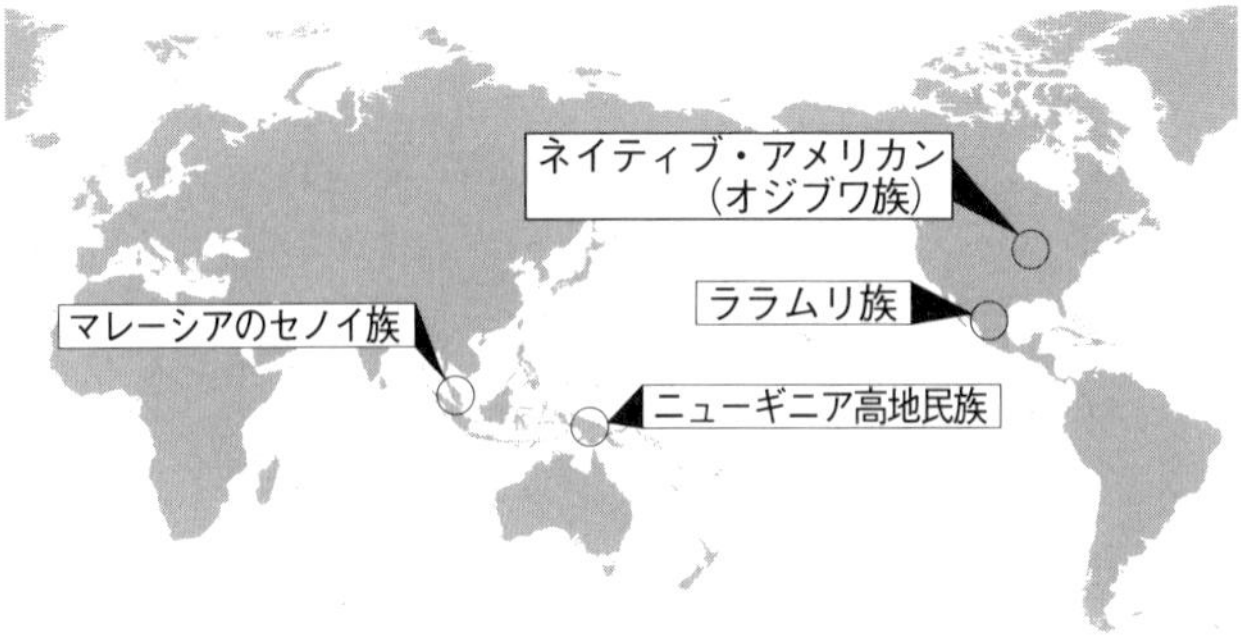

魂が抜け出て夢になるララムリ族

まずララムリ族ですが、彼らはメキシコの北部チワワ州の一部の山岳地域に住む民族です。人口は約6万人で、基本生業として農業ではトウモロコシや豆やカボチャを中心に栽培し、ヒツジやヤギやウシなどの家畜の飼育をしています。

このララムリ族の夢理論では、睡眠中に魂がからだを離れて活動し、その体験が夢となるというのが基本的な考え方です。人間はからだと多数の魂から成り立っており、夢は一部の魂が単独で経験しているものだと考えています。それに対してわれわれが覚醒しているときは、すべての魂とからだが一緒になって活動をしていると考えます。ですから、自分が寝ているときは魂が起きて魂だけが経験しており、その経験が夢なのだということになります。そして、ララムリ族の夢理論では、夢の状態と覚醒時の状態を非常に近いものと考えています。夢の中ではふだんできないことが可能になり、空を飛んだり、会えるはずのない人に会ったりするということが起こるのですが、それは夢が非現実的なためではなくて、むしろ起きているときの活動が、霊やからだが同時に活動しているために限界があるからそのようなことができないのだと考えるのです。

そしてもうひとつ興味深いのは、ララムリ族の夢理論では、夢を見るときは魂の一部が目覚めていることになるのですが、その魂が目覚めるのは、だれかが戦いを仕掛けてくるからだと考えます。そしてそれと戦うために魂が目覚めて、その体験が夢となるのだといいます。そうすると、夢を見るということは、だれかが戦いを仕掛けてくることだと考えるので、夢を見ることを非常に恐れることになります。ララムリ族の朝のあいさつは実は決まり文句になっているのですが、「昨日は夢を見たか」というあいさつをして、答えるほうは「昨日は夢を見なかった。無事に眠れた」という表現をするといいます。このように夢は基本的に怖いものだという考え方をしています。

インディアンとドリーム・キャッチャー

第二にネイティブ・アメリカン、いわゆるアメリカ・インディアンの夢理論を見てみましょう。この人たちの夢理論に関連するものとしては、「ドリーム・キャッチャー」というものがあります。またの名を「ドリーム・ネット」といいます。とくに北東部のネイティブ・アメリカンがつくり、もともとはオジブワ族が起源らしいのですが、今では広い範囲のネイティブ・アメリカンに普及しています。そしてネイティブ・アメリカンの典型的な民芸品となって、土産物として売られています。これは、輪を木の枝などで作り、中に植物繊維で網を張ります。それからその輪に大体三本の飾りが付けられ、これに鳥の羽が付けられます。これを眠る場所の近くにつるして飾っておきます。中の網がクモの巣のような形になっていますが、これは実際にクモの巣をかたどってつくられているといいます。

これはどういう夢理論と結びついているのかというと、夢というものは空中を浮遊しており、それが人間に入りこむことで人間は夢を見るのだと考えるのです。そして、眠る際にこのドリーム・キャッチャーをそばに置いておくと、人間に入りこむ夢がこの網を通ります。そして、夢にはよい夢と悪い夢があるのですが、悪い夢は網に引っかかるというわけです。その引っかかった夢は、朝になり朝日が出てくると、溶けてなくなるとされています。とくに子どもに悪い夢を見させないように、子供の寝ている場所につり下げるということが一般的に行われています。

ドリーム・キャッチャー

こういうものをつり下げることによって、外から来る、とくに悪い夢が子供の中に入らないようにするというわけです。

ドリーム・キャッチャーにはその起源に関する伝説があります。クモが子供に殺されそうになったのをある老婆が助けたことから、クモはその老婆にお礼としてドリーム・キャッチャーを贈ったのです。輪の中の網の形がクモの巣をかたどっているのはそのような理由があります。クモはネイティブ・アメリカンにとっては守りの力であり、そして癒しの力をもつ存在であるとされているのです。

夢の経験に現実で対応するニューギニアの民族

第三の夢理論の例は、ニューギニアの高地民族の例です。パプアニューギニアの山地に住んでいるいくつかの民族が、同じような夢理論をもっています。民族はカルリやボサビ、ファス、ベダムニ族などで、人口はそれぞれ数千人の民族です。彼らは焼畑農耕を行って料理用のバナナを栽培したりしています。これに加えてサゴヤシを栽培してでんぷん抽出を行ったり、狩猟・採集を行ったりして食料を得ています。

このニューギニアの高地民族の夢理論では、霊や魂が眠っている間にからだを離れ、その霊や魂が経験するのが夢だということになります。これは前のララムリ族と同様です。そしてニューギニア高地民族では、夢によってその霊の世界とのコミュニケーションがとれ、夢を見ることによって、霊界からのいろいろな情報を得ることができると考えます。夢によって病気の原因を探ったりすることもできるといいます。

ここで注目すべきなのは、夢の体験を報告する言い方が覚醒時の体験を報告する言い方と同じになるという点です。どういうことかというと、夢を見たときに「私はこういう夢を見ました。私は夢でこういう体験をしました」とは言わないのです。たとえば「隣の村に行った夢を見た」ではなく、夢の中の体験でも、「私は隣の村に行った」と、普通の覚醒時の言い方と同じ言い方をするのです。話を聞いていると、それが夢なのか現実の覚醒時の体験なのか、区別がつかない場合があります。それは夢の中での体験なのかと改めて問うと、そうだ、夢の中の体験だと答えるのですが、基本的には覚醒時も夢のときも、その体験を報告するときには、区別はしないことになります。

そして、このことと関連するのですが、このような社会では、夢の中での経験に対して現実世界で対応がとられるということが起こります。たとえば夢の中である人に悪いことをしたとします。ある人を殴ったという夢を見たとすると、夢から覚めて起きた後に、「あなたを殴ってしまったけれども、申し訳ない」と謝るといった対応がとられるのです。われわれのように、夢と覚醒時を全く別のものとしているのではなく、これらのニューギニア高地社会では、夢と覚醒時の体験を近いもの、あるいは連続しているものと考えていると言ってよいでしょう。

セノイ族と夢の共有

最後に、マレーシアのセノイ族の夢理論を紹介しましょう。セノイ族はマレーシアの中央山岳地帯に住む、人口が約1万2000人の民族です。農耕でキャッサバやトウモロコシ、米や野菜を栽培していて、狩猟でリスやサル、ノブタなどを得ています。

このセノイ族は生活のさまざまな面で夢を重要視することで有名となりました。まず、夢を積極的に他人と語り合います。そして夢を他人と語り合うことで、セノイ族の社会は非常に理想的な社会となっているといいます。つまり、セノイ族は平和を好み、創造的で健全な精神を保っているというのです。犯罪も少なく、ノイローゼのような精神疾患の人もめったにいない。このような理想的な社会が存在しているのですが、それは夢を他人と語り合うことによって得られているのだと報告がなされました。

セノイ族は朝起きると、毎朝親族が集まって夢の報告会を行うといいます。そして、そこでどのような夢を見たかが報告されるのですが、その際に、どのように夢を見るべきか、親から子へその指導が行われます。そういう指導を受けると、セノイ族の人たちは皆、夢を自分でコントロールできるようになるのだといいます。具体的にどのようなことが教えられるかというと、たとえば、夢の中では常に危険に立ち向かい、征服するように努めよと教えられます。つまり、危険から逃げるな、あえて危険に立ち向かうようにしなさい、というわけです。そうすれば、夢の中でいい結果が得られるのだと教えられます。さらに、快楽的な経験を得る方向に向かえと教えられます。夢の中で誘惑を受けたら、その誘惑に身をまかせよと教えられるのです。そして、夢を好ましい結果に導き、そこから創造的な産物が引き出されるようにしなさいと教えられます。このような方法で芸術的なインスピレーションや、踊りや音楽に関するひらめきが夢の中で得られるというのです。

　ただし、夢をコントロールするという点に関しては、疑問に思う人がいるかもしれません。夢の中でこうしようと思っても必ずしもできるわけではないだろう、と考える人がいると思います。このセノイ族の夢に関しては、おそらく「明晰夢」（69ページ参照）を前提にして考えられているのだろうと推察することができます。「明晰夢」というのは、夢を見ていて、これは夢だなと自分でわかる夢のことをいいます。そのような夢を見ている時には、自分でも夢だとわかっているので、多少自分の意志を入りこませる余地があります。この明晰夢は、多少訓練するとほとんどの人が見られるようになるといい、とくに夢を強く意識する習慣をつけると見やすくなるといわれています。おそらくセノイ族でも、明晰夢の状態を想定して、このような指導が行われているのではないかと考えられます。

このセノイ族の夢理論は一九六〇年代にアメリカに紹介され、アメリカ社会に非常に大きな影響を与えました。まず、夢の共有、つまり夢を語り合うという概念が非常に広く普及するようになります。お互いに夢を語り合うサークルやクラブが数多くできました。このように、夢を語り合うことによって人々は親密になり、これは社会を幸福にするための基本になるのだと考えられました。そして、夢を日常生活に積極的に利用しようという動きが高まります。夢というものは、セノイ族の例のように、芸術的なインスピレーションなどを得るために役立てることができ、そのため、夢は創造性や想像力の源泉とすることができるという考え方がアメリカで強くなります。さらには、精神治療にも夢が利用されるようになります。このセノイ族の名前をつけた、セノイ研究所という研究所ができたほどです。このように、セノイ族の夢理論は当時のアメリカ社会に大きな影響を与えたのです。

ただし、このセノイ族の夢理論は、その後いろいろ検証してみると、どうもそれほど都合のよい話ではないということがいわれ始めます。このような夢理論が紹介された後で何人かの研究者がセノイ族を調査するようになるのですが、いわれているような夢の報告会はどうも行われていないようだと報告されます。そしてセノイ族は犯罪も少なく、精神疾患の人も少ない社会だという割に、実際に調べてみると、犯罪率も他の社会ととくに変わらなかったり、精神疾患をもつ人たちも、とくに少ないわけではなかったりする。こういうことがその後の報告でわかってくるようになりました。そして、このセノイ族の夢理論をアメリカ社会に伝えたのは、キルトン・スチュワートという研究者なのですが、この人の調査自体についても信憑性の問題が出てきます。実際の調査期間や自分の経歴に関してかなり誇張していることがわかり、研究者の間では、このセノイ族の夢理論はどうもあまり信憑性がないのではないか、ということがいわれ始めました。セノイ研究所も、一九八四年に「夢作業研究所」と名前が変えられ、セノイ族の名前はなくなります。

このように研究者の間では、セノイ族の夢理論は受け入れられなくなってきたのですが、ただし、夢に関する見方が自分たちの見方だけではないということを、アメリカ社会を含めた西洋社会に知らせた点、そして夢への関心を高めた点、夢を楽しもうという方向性を近代社会に与えた点では、このセノイ族の夢理論はわれわれの社会に貢献したといえるでしょう。

さまざまな民族の夢理論を研究することは、その民族の世界観を探ることになり、これまではあまり研究がなされてこなかったのですが、その文化をより深く理解するためには重要な方法となりうるのです。

（豊田　由貴夫）

若者の傷つきやすさ――夢見とシミュレーション（偽装）の美学

マスコミは、事件や犯罪ごとに、やれ「インターネットの闇」「ゲーム脳の恐怖」「仮想現実の暴走」だのと一つ覚えを繰り返す。ネットやゲーム、仮想現実は、広い意味での「夢見」体験だから、夢と現実の区別がつかない白昼夢状態の若者が増えてきたかといえば、そんなことはない。彼らは十分に覚めている。むしろ「闇」「恐怖」「暴走」などと騒ぎ立てるマスコミのほうが、ステレオタイプな若者像の悪夢に執りつかれているようだ。

ただし、古来、荘周の蝶のように、自分ひとりの主観の中では、幻と現実が交錯する瞬間、夢うつつの幽明境がある。が、ある程度進化した動物において夢と現実の区別は「自然史的前提」であり、夢と現実のバランスをとる生得能力を十分に備えている（4章・「夢のしくみ」参照）。

なかでも若者が夢みがちであり、夢や幻に魅かれる点は、全人類共通だろう。もう一つ、若者の特徴を挙げるなら、夢からの挫折体験を美化する点だ。勝者・強者よりも、敗者・弱者側に感情移入し、感傷に酔いしれがちである。

近年の大問題は、夢や幻を十分に追いかけた上で挫折するのでなく、ただただ楽をして夢見たフリをシミュレーション（偽装）して、いきなり「挫折の美酒」を味わおうと短絡する若者が多いことだ。「いつ頃から?」と問われれば、「すでに一九五〇年代から!」と答えたい。団塊の世代から、その孫世代まで、社会のマジョリティが、「夢を見ずして負けてみせる美意識」を共有しているのではないか。

代表は、『ライ麦畑でつかまえて』のサリンジャー文学である。世にあふれるジュブナイル（青少年）文学やコミックスの過半が、ある意味で「サリンジャーの系譜」に属する。夢と現実が相まみえ、人生の消耗戦に巻き込まれ、泥中ですっころぶ挫折体験。その手痛い転倒の前に、最初から「傷つきやすさ（近未来に傷つく可能性が高い感受性）」を誇示する美学的「性向（disposition）」である。

いちはやく甘美な夢のほころびの気配を読んで、あらかじめ夢を見切ってしまい、一足先に派手に転んでみせ、膝小僧をすりむいたフリをするのがカッコイイ！　何よりも「夢見の予兆能力」（カリスマ占い師の細木数子を見よ！）と「自傷のシミュレーション（偽装）能力」（ＰＫをもらおうとして自ら派手に倒れて見せるサッカーのスターＦＷ選手を見よ！）が大事だ。

このように「傷つきやすさ」の美学は、占いや健康ブーム、ニートやひきこもり現象とも結びついている。「いい夢」を追うことなく現実から逃避し、安全なサンクチュアリの中で覚めながらまどろむ、一種の「明晰夢」や「金縛り」体験を理想化する感性である。

霊を見て「しまう」、オカルトに会って「しまう」、金縛りにかかって「しまう」受苦的な体験談を、声高に語りあう若者の顔は、「傷つきやすい感受性」を互いに誇示し、「プチ夢見」「プチ自傷」能力を競ってプレゼンテーションしあう、暗い喜びにあふれている。


（藤本　憲一）

2　夢は語るべきか、秘めるべきか――夢と文化の関係論

夢を語り合う社会

さきほど、マレーシアのセノイ族の夢理論を紹介しました。セノイ族は非常に夢を重要視して、夢を積極的に他人と語り合います。そして夢を他人と語り合うことで、セノイ族の社会は非常に理想的な社会となっていると報告されました。しかし、このセノイ族の夢理論については、実状が誇張して伝えられているということがわかりました。紹介したキルトン・スチュワートという人が、セノイ族の名を借りて、夢に関する自分の理想を主張したというのが、実際の状況に近いようです。

ただし、そういう事情はあるのですが、一九六〇年代以降にこのセノイ族の夢理論、または夢の共有という概念がアメリカ社会に広く受け入れられ、夢を語り合うことがさかんになったのは確かです。お互いに夢を語り合うサークルやクラブが数多くできました。そして夢を語り合うことによって人々は親密になり、これは社会を幸福にするための基本になるのだと考えられました。教育の現場でも、夢を報告しあうという手法で創造性や協調性を高めるという実験が行われました。このようなことを考えると、セノイ族が実際にそういう行為を行っていたか

どうかは別として、その考え方というのは、当時のアメリカ社会に歓迎されるものだったわけです。アメリカ社会は、それを受け入れる背景があったから、夢を共有する、つまり夢を報告しあうという考え方を受け入れたと言ってよいでしょう。

夢の語り合いを受け入れた一九六〇年代アメリカ

どのような背景があったかというと、第一に一九六〇年代のアメリカでは、人間の潜在能力を開発するという運動がさかんになっていました。当時、多くの人々が、瞑想をしたり、ドラッグをやったりして「意識の変容した状態」を得ようとしていました。夢を報告しあうという考え方は、このような運動を行っている人々から、夢によって人間の潜在能力を開発できると評価されて共感を得たのではないかと考えられます。

第二に、当時アメリカではベトナム戦争に対する反戦運動がありましたが、この反戦運動では、当時のアメリカ社会に対する強い拒絶が示されました。そしてそれと同時に、アメリカ社会の対極にあるもの、つまりいわゆる未開社会、未開なるものが好意的に評価されたという背景がありました。このようなことから、セノイ族の夢理論もそのような非西洋社会に対する評価の一部として受け入れられたのではないかといわれています。また同時に、当時アメリカが戦争をしていた東南アジアで素朴な生活をしている人たちの習慣に対して好意的な感情があったということも、夢の共有の概念が受け入れられた背景にあるのかもしれません。

第三に、セノイ族の夢理論が受け入れられた背景として挙げられるのが、当時のアメリカで徐々に広まりつつあった、文化相対主義的な思考です。つまり、文化というのは絶対的な価値をもったものではない、アメリカやヨーロッパの文化が絶対的に優れたものではない、それに対立するような、いわゆる未開とされるような社会にも独自の価値がある、われわれは学ぶべきものがあるのだという、文化相対主義的な考え方が、一九六〇年代以前から、アメリカで徐々に強くなってきました。このことも夢の共有という概念が受け入れられた背景にあるのではないかと考えられます。

夢の中に入りこむ文化

それでは、夢の共有・夢の報告という点に着目して、夢と文化の関係を考えてみたいと思います。

まずわれわれが夢を見る際、夢を体験することになるのですが、その夢を体験するという段階で、まず文化の影響があると考えてよいでしょう。われわれは夢を見るときに、自分の文化の影響を受けて夢を見るということです。つまり日常生活をもとにして夢を見ることになります。たとえば、ニューギニア高地に住んでいる人たちが、それまで全く見たことのないニューヨークの摩天楼のような背景のある夢を見ることは、まず考えにくいだろうということです。

これに関しては、このことを裏づける調査結果がいくつかあります。たとえば夢に出現する人物の男女比をいろいろな国別に調べた調査があります。日本社会の結果は、世界のほかの国と比べてちがいがあります。日本人の男性が見る夢を調べますと、登場する人物の男女比がおよそ2対1で、男性が多くなります。これは世界の他の地域とだいたい一致しています。ところがこれを女性で調べると、女性の見る夢では、通常は男女比が半々になるのですが、日本の女性の場合は、男女比が1対2となり、女性の登場人物が多くなります。このような現象をどのように説明するかは、それほど簡単ではないのですが、考えられる説明としては、少し前の日本社会では、女性が公共の立場から遮断され、女性だけで過ごすことが多いことが関係するのだろうという説明があり得ます。このような説明を受け入れるのならば、夢を見るときに、われわれは自分の文化の影響を受けるということが言えます。

夢を報告する際に文化の影響を受ける

夢と文化の関係を考える際にもうひとつ問題になるのは、夢の体験と、夢の報告とはちがうということです。われわれは夢を経験するのですが、それを最終的には、人にこういう夢を見たと語ります。ただし、その夢の報告は夢の経験と必ずしも一致するものではないということです。私のように文化人類学のような立場から夢を研究しようと思うと、夢を見た人に対して「あなたはどういう夢を見ましたか」と聞いて、「私はこういう夢を見ました」と返ってくる答えを、研究対象とするしかありません。ところが、実際にその人がどのように夢の経験をしているかというのは、われわれ文化人類学者には正確にはわからないのです。

この問題をもう少し考えてみましょう。夢の経験は視覚の要素が強く、一般的に夢は「見る」ものだと表現されます。先天的に視覚に障害がある人は聴覚で夢を「聞く」ことになりますが、一般的には夢は視覚の要素が非常に強いということがいわれています。その人が夢をどのように見ているかを、実際にスクリーンに出せるようになれば、非常に面白いでしょうし、実際にどういう夢の体験をしているのかがわかるかもしれません。しかし、現在の科学技術の段階ではそれはまだできないし、また実際の夢の経験もおそらく漠然としていてスクリーンに出すのが難しいという問題もあると思われます。したがって、われわれが当面できるのは、その人が見た夢の内容をほかの人に語ってくれる、その語りの内容しか、調査対象にはできないことになります。

もちろん、医学や心理学の研究では、どういう夢を見ているのかに関しては、別の調査方法が考えられます。たとえば、脳のどの部分が活動しているかを調べることにより、聴覚をつかさどっている部分が活動していれば、何かを聴いている夢を見ているのではないかなど、ある程度、推測ができるようになります。さらには、寝言を調べるという方法もあります。寝言を調べることにより、どういう夢を見ているのかが推測できます。心理学や医学の立場からは、このような方法で実際の夢の経験を研究する可能性があるのですが、夢の経験を直接調べるのは、まだかなり難しいといえます。

そうすると、文化人類学などの立場から夢を研究しようとすると、「こういう夢を見ました」と、その人が語ってくれる内容しか研究対象にはできません。そしてその際に注意すべきことは、実際に経験した夢と、報告された夢との間には、ズレが生じるという点です。つまり、夢で経験した内容がそのまま報告されるとは限らないということです。別の言い方をすると、こういう夢を見ましたと、ほかの人に報告する段階で文化の影響が出る、あるいは夢が語られる際に文化的なフィルターを通るということになります。

いい夢を人に語らないメキシコのズニ族

文化的フィルターの例として、メキシコのズニ族の例を示したいと思います。メキシコのズニ族では、いい夢は人に語りたがらないという傾向があります。ズニ族の夢理論では、いい夢というのは、人に語るとそのよさがなくなってしまうと考えるのです。ですから、いい夢はあまり人に語りません。そして悪い夢を見た場合は、呪医に頼んでその悪い夢が実現しないようにしてもらいます。こういう民族に「あなたはどういう夢を見ましたか」と質問すると、悪い夢しか答えとして返ってこないということが起こるわけです。実際にはいい夢も悪い夢も見ているのだが、報告として出てくるのは悪い夢ばかり、ということになってしまいます。他人にいい夢の内容を語るとそのよさがなくなってしまうという文化の影響により、語られる夢の内容が変わってきてしまうというわけです。

タブーとなる夢の報告

もうひとつ、文化的フィルターの例として、パプアニューギニア高地の例を出しましょう。パプアニューギニア高地のサンビア族の夢理論では、眠ると魂がからだを離れて、それが経験するのが夢だと考えます。そして、128ページでも述べたのですが、ニューギニアの高地民族の一部では、夢の世界と覚醒時の世界とが連続して認識されており、夢の経験に対して覚醒時の世界で対応する必要があります。

たとえば夢で何か悪いことをしたら、それに対して、目が覚めたときに謝らなければいけないということが期待されます。そうすると、たとえばある男性がほかの一族の女性と性的な関係をもつ夢を見たとすれば、現実でそういうことを行ったのと同じような対応をしなくてはいけないことになります。現実の世界でこのようなことが起こると、これは一族同士の紛争の原因になります。ですから、実際にそのような夢を見たとしても、ほかの人には語らないことになります。このような夢の内容を語ることは、非常に強いタブーとなるわけです。

われわれも性的な体験をする夢を見た場合、それをほかの人に語ることはあまりしないかもしれません。ただし、それはあくまでも恥ずかしいというような感覚からしないことになるのですが、ここでは、夢の内容に対して現実世界で対応しなければいけないので、ほかの人には語らないのです。この場合も、実際に夢を経験してもそれをほかの人には語らず、夢の内容に対して現実で対応しなければならないという文化の影響を受けて、夢の経験と報告された夢とがちがってくることになり、やはり夢が報告される時には、文化のフィルターを通るということになるわけです。

以上のことから、夢の経験と夢の報告という点に関して、文化との関連を考えてみましょう。まず夢の経験というのがあります。そして、それをわれわれは言葉にしなくてはいけません。つまり夢を記述することになります。どういう夢を見たかということが、言葉によって表現されなければいけません。実は、この段階で文化の影響が働きます。夢を言語でどのように表現するかで、言語ごとに微妙な差が生じる可能性があるわけです。われわれは「夢を見る」といいますが、「夢を体験する」と表現したり、あるいは「夢を夢見る（to dream a dream）」と表現したりするなど、言語によってその表現方法がちがうことが考えられます。それにより、同じ内容でも言語によってちがう表現をされることになり、夢の経験を表現する際に、言語の影響を受けることになります。言語の影響を受けるということは、文化の影響を受けるということです。

さらに、そうやって記述された夢の経験が報告される段階では、また文化の影響を受けることになります。つまり、文化によっては悪い夢は人に語らない、あるいは何か悪い結果をもたらすような夢は、ほかの人には語らないということがあり得ます。さらに、夢の経験を伝える際に微妙に内容を変えるということが起こり得ます。夢をどのように考えているかという、その文化の夢理論の影響を受けて、語られる内容が変わってくるのです。以上のような夢と文化の関係を概念図で表すと、図1のようになります。経験、記述、報告の各段階で文化の影響を受けていることになります。ですから、われわれはいろいろな夢を見るわけですが、夢に対しては、文化の影響が非常に強くかかわっているということが言えるわけです。

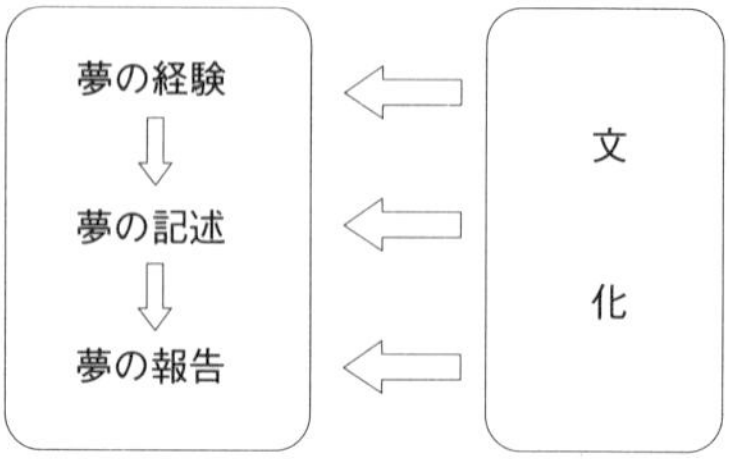

図1　夢と文化の関係

夢は文化に影響を与える？

さらに付け加えると、これまでは文化から夢に影響を与えるという説明をしたのですが、このような「夢と文化」という対比を考えると、逆に夢から文化に影響を与えることもあり得ると考えられます。具体的には、図1の中ですと、夢の報告が文化に影響を与える可能性があります。たとえば、社会によっては、夢は未来の世界を表しているという夢理論をもつ社会があります。このような社会では、夢が未来を知るための材料とされ、占いや託宣のために夢が使われます。夢が報告されることにより、その内容が予言となったり、何らかの決定をもたらしたりと、人々の生活に影響を与える可能性が出てきます。夢の報告が文化に影響を与える、というわけです。

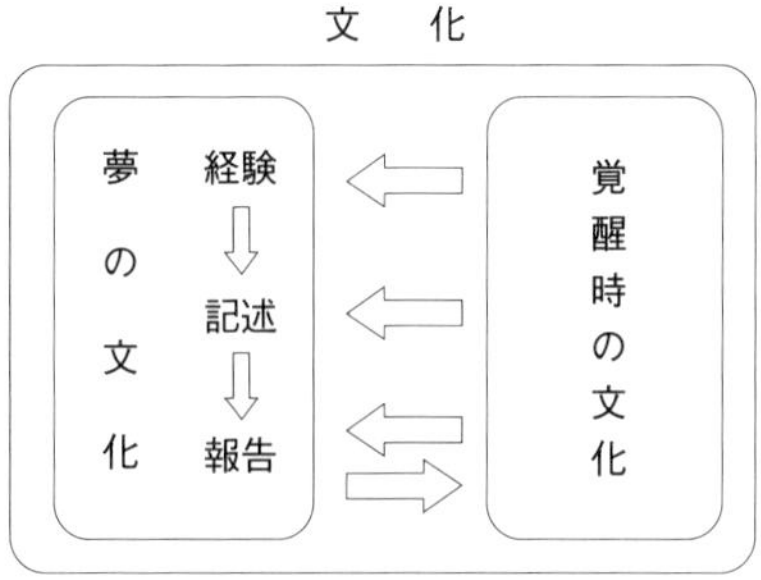

図2　夢の文化と覚醒時の文化の関係

あるいは、夢と文化とを対立させる考え方でなく、夢自体も文化の中に存在している現象であるという考え方をすれば、夢と文化を対立させて考えるよりは、広い意味での文化の中に「夢の文化」があり、その他の部分は「覚醒時の文化」とすることもできます（図2）。これまでのいろいろな社会の夢理論を見てみると、そのように「夢の文化」と「覚醒時の文化」とを対比させて考えるほうが有効かもしれません。

われわれの社会では、これまで夢というものは日常世界の中で取るに足らないものとして扱われてきました。まさに、目覚めると同時にはかなく消える幻覚だったわけです。ところがこれまで見てきたように、非西洋社会では夢に対して大きな意味を与える社会が少なくありません。また、われわれが夢の世界を覚醒時の世界とは全く異なる、対立するものととらえるのに対して、夢の世界を覚醒時の世界と近いもの、あるいは連続しているかのように扱う社会があります。

これまで夢の研究は、そのメカニズムに対しては心理学や医学からさまざまな研究がなされてきましたが、夢の内容自体については、あくまでも個人の心理を探るための材料として精神治療に使われるなど、限定された領域でしか研究がされてきませんでした。しかし、これまで見てきたように、夢は社会を理解するためにも非常に重要な手がかりになることがわかります。夢の報告しか研究対象にできず、実際の夢の経験に直接せまることはむずかしいという、方法上の制約はあるのですが、夢の研究はこれからもっとさかんになってよいはずです。

（豊田由貴夫）

夢という経験

現実の経験

夢と「現実」を結びつけることは、とかく「前近代的」と考えられがちである。文化人類学では、宗教の起源や発達を考える上で重要だとして夢の研究が始まった。そこでは、からだとは別に存在する「霊魂」を認識することが夢の経験から生まれ、さらには宗教へと発達していったという図式が描かれた。

では、現代人が夢というものとまったく無縁の生活を送っているかというと、決してそうではない。先進国の大都市に暮らし、最先端の技術開発に携わっている人でも、目覚める直前に見ていた夢に連想を働かせるということはあるだろう。ただ、私たちの多くは、現実のできごとの理解に夢を使ったり、夢の内容から近い将来を予測したりと、そこまで想像力を旺盛に働かせることはほとんどない。

他方、発展途上国に住むいわゆる「未開民族」と呼ばれている人びとは、夢の中の経験を「リアルな」ものと捉えている、と強調されてきた。だが、そうした人びとがすべての夢を意味あるものと捉えているわけでは決してない。また、夢と現実をまったく区別していないというのも正しくない。むしろ、夢や幻覚、憑依などの経験と、日常生活の経験は、程度の差はあるにしても、すべての社会において区別されているようである。

しかしこの区別は、必ずしも両者を切り離すものではなく、両者をともに「リアルな」ものと捉えることと矛盾してはいない。

見える世界と見えない世界

パプアニューギニアの熱帯雨林に住むベダムニの人びとにとって、自分たちの生活世界は、「見える世界」と「見えない世界」の二つから構成されている。普段はおもに見える世界でのできごとだけに関心をもつが、大事な計画の結果を予測したり、災いの原因を明らかにしようしたりとするときに、見えない世界でのできごとに関心が向けられる。

南太平洋に浮かぶニューギニア島

それは、見える世界と見えない世界が、互いに補い合う表裏の関係にあり、一方のできごとは、他方に少なからぬ影響をもたらすと考えられているためである。社会生活でのできごとをより正確に理解しようとするときに、夢や交霊会が、見えない世界から重要な情報を得るための回路となる。

この回路に情報をもたらすのが、万物に内在する生命原理である。それはアスリブと呼ばれ、このアスリブこそが、夢や幻覚、交霊会におけるトランス状態などの経験と関わる概念なのである。

ベダムニの人びとは、夢とは睡眠中に個人のアスリブがからだを離れて経験したことだと考えている。いったんからだを離れたアスリブは、本人の意思とは無関係に活動し、さまざまな経験をする。そうした経験の中では、視覚的なものが中心を占めている。しかし、自らの夢を語る人びとは、夢がさまざまな感覚器官が働く経験であることも知っている。

夢の復権

ベダムニにとっては、夢での経験と目覚めている時の経験は分離したものではなく、統合された時空間における異なった経験のあり方であると理解されている。こうした考え方から、彼らの社会では、夢や交霊会などを通じて、アスリブが観察し、経験したことを知ることが、ものごとについてのより多くの情報を得る手段となっている。過去に起きたできごとについての原因や理由を推察したり、近い将来に起こることが期待通りの結果をもたらすか否かを予測したりすることが、夢の解釈と結びつけられている。

たとえば、慢性疾患について、その原因は何か、邪術によるものならば邪術師は誰か、なぜその者が邪術をかけたのかという問題や、計画している狩猟や漁労で獲物を充分に得ることができるかどうかなどの問題が、夢に関連して、よく取り上げられる。

異なる経験領域から、覚醒時の問題を解決するための情報を得るという点では、夢は交霊会と同じ機能を果たしているといえる。しかし、何かの解決を目的に行われる交霊会に対して、問題を解決しようとして故意に夢を見ようとすることはない。あくまで、ある夢の経験が、覚醒時に起きたできごとやこれから起こるであろうできごと、あるいは行動計画を想起させ、そのできごとと夢の体験を関連づける解釈が促されるのである。

バーチャル化が進み、見えない世界を認めない現代において、情報に溢れた生活の中に、夢の経験を復権させることは果たしてできるのであろうか。


（林　勲男）

4章

バーチャルリアリティとしての夢

1　入眠期の心象体験――眠りに落ちつつ見る

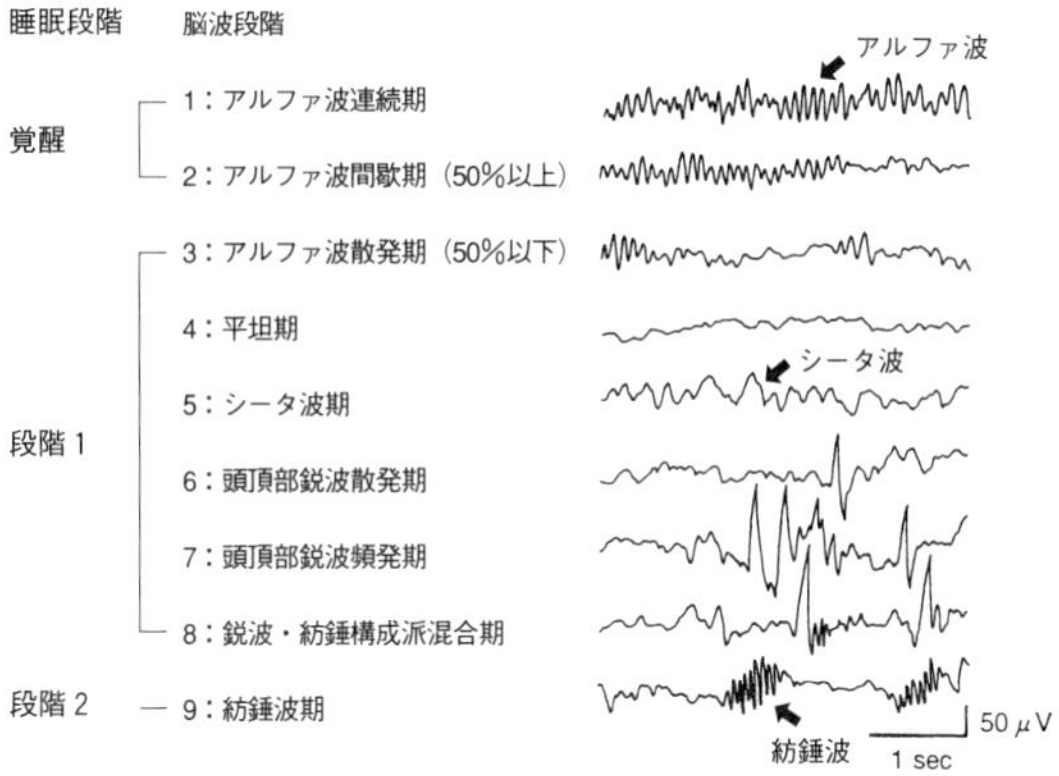

図1　入眠期に典型的な脳波パタン（Hori et al. 1994）

覚醒と睡眠のあいだ

覚醒状態から睡眠状態に移る移行期を入眠期と呼びます。覚醒状態では脳波はベータ波という振幅の低い波が出ていますが、目を閉じて安静にしているとアルファ波という10Hz前後の波が現れます。さらに安静が深まるとアルファ波の出現が不連続になり、しばらくしてシータ波が現れてきます。この波は、うとうとした状態になると現れる波です（図1）。

アルファ波の出現が不連続になり、シータ波が現れる最も浅い睡眠状態が睡眠段階1です。起こしてみると、ほとんどの人が「うとうとしていたが眠ってはいない」と言うとおり、段階1はまだ半分起きていて半分眠った状態です。さらに入眠期が進み眠りが近づいてくると、振幅の大きなシータ波が連続的に出現するようになり、やがて紡錘波《ぼうすいは》という糸巻きの形をした波が出現します。

この波が現れると呼吸が寝息に変わり、規則正しく、目立って良く響きます。息を吐ききると筋力は最低になるため、呼吸を読まれることは大変危険です。人も動物も覚醒中は静かに呼吸し、息づかいを読まれることはありません。寝息はこのような用心が利かなくなっていることを表わしています。この状態が段階2です。起こして聞くと「眠っていた」という答えが返ってきます。

起きているときは、男性は腹式呼吸、女性は胸式呼吸です。ところが、段階2に入り寝息が立つようになると、男性も胸式呼吸に変わり、段階2以降の睡眠中は呼吸に性差が見られなくなります。また、うとうとしている人の目を見ていると、閉じたまぶたの下で眼球が動くのがわかります。ゆっくりとした振り子運動で、数秒かけて左右に動きます。このゆっくりとした眼球運動（Sow Eye Movement）は、頭文字をとってセム（SEM）と呼びます。セムは入眠期に特有で、アルファ波の出現が不連続になると始まり、寝息が立つ段階2で止まります。眠りがさらに深くなると眼球を上向きに回転させて、目の奥にしまってしまいます。

さて覚醒と睡眠が相半ばする入眠期では、さまざまな不思議な体験が起こります。目を閉じてうとうとしていると、色のついた光や、幾何学模様が見えます。そのうちに人の顔や空を真っ赤に染めて沈む夕日や、燦々《さんさん》と陽の光が降り注ぐ林や野原が見えてきます。

実在しないものを見たり聞いたりする知覚現象には三つあり、心象（イメージ）、夢、幻覚です。

心象は、意図してもしなくても自分が心に思い浮かべたもので、映像や音声がどんなに鮮明でも、自分がつくり上げたもので現実とは異なるできごととして記憶されます。

夢と幻覚は自分でつくり出したものでないという点で似ていますが、幻覚は覚醒している時と同じ意識状態で体験したできごとです。まさに今、遭遇した実際のできごととして現実感があるので、本物の記憶として残ります。お金がたくさん入った財布を手に入れたという幻覚は、日常的なできごとのひとつとして記憶され、思い出すと財布を置いた場所に取りに行きます。なければ、誰かがとったといって大騒ぎになります。

一方、現代人が夢といっているものは、現実の世界とは時間的にも空間的にも連続性を失った意識状態で体験したものです。つまり、しっかりと醒めた意識状態ではなく、普段とはまったく別の次元で起こった現実感のないできごとです。どんなに強い現実感をともなった恐い夢でも、目が覚めればさっきのできごとは眠りの世界で起こったものとして、現実のできごとから切り離され、あとに尾を引くことはありません。

イメージ体験とタブー

さて、話題を入眠期に戻しましょう。入眠期は半分目覚めていて、半分眠っている状態です。このため、入眠期に発生した映像や音声が、目覚めている状態で起これば幻覚となり、眠り始めている状態で起これば夢となります。しかし、「自分はまだ起きている」と思っているときの体験は、たいてい現実との脈絡がつかないので、しばらくすれば、あれはまぼろしであったと気がつきます。誰にでも起こることであり、日常生活に少しも不都合をもたらさない体験ですので、ことさらに精神医学の用語の「幻覚」で表現せず、「入眠期のイメージ体験」と呼ぶようになりました。

このことは入眠期のさまざまな心理的体験の研究に役に立っています。というのは、「寝入りばなに幻覚を見たことがありますか」、「あなたの幻覚体験を聞かせてください」と尋ねても、ほとんどの人が精神障害や異常心理状態を連想して、まともに答えてくれません。「入眠期にはさまざまなタイプのイメージ（心象）が頭に浮かびますが、あなたはどのようなイメージを体験しましたか」と尋ねると、「さまざまな模様で、きらきら金色に光っていたり、赤や青や紫の光を放っています」などと答えてくれます。

その人の住む社会が幻覚をタブーとして否定している時には、それに関連する体験を口にすることはほとんどありません。質問のしかたひとつで、文化の壁に弾き飛ばされて何ひとつ得ることができなくなってしまいます。イメージ体験という穏やかな表現ですと、抵抗なく、多くの人から体験談を聞くことができます。

まどろみの中に浮かぶ鮮やかな色彩

脳波にアルファ波がまだ残っている入眠期の初期には、色のついた光や幾何学模様などが見えます。この初期の心象はフランスのエルヴェー・ド・サン＝ドニ侯爵（一八六七年）が美しい彩色で丹念に書きとめており、大変有名です。これがあまりにも有名になりすぎて、入眠期の心象といえば光や幾何学模様という強い思いこみができてしまいました。

脳波にシータ波が現れる入眠期中期に入ると、人や動物、絵葉書のような景色、街角の情景などさまざまな映像がほとんど脈絡なく次々と現れてきます。空間と時間の合理性が失われていて、遠近感がひどく誇張されていたり、現実にはありえない巨大な月や太陽、まったく見覚えのない人の顔であったりします。やがて映像に音声も加わり、微小夢（マイクロドリーム）と呼ばれる短いながらもストーリー性を備えたイメージが展開します。

入眠期後期に入り、脳波に振幅の大きなシータ波が現れるころに声をかけて起こしてみると、「地下街でウィンドウショッピングをしていました」、「ランプのホヤを一生懸命掃除していまし

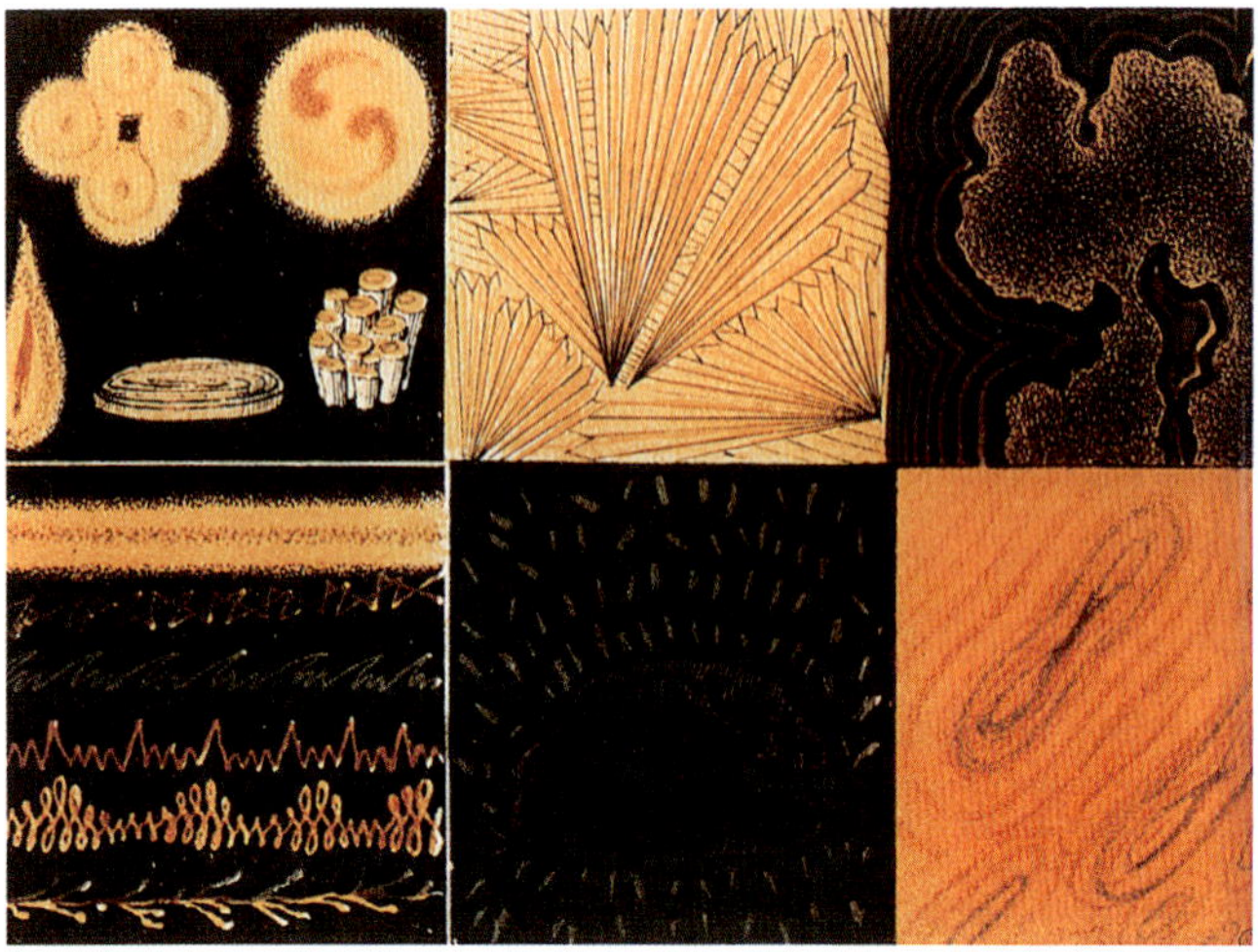

エルヴェ・ド・サン＝ドニ侯爵の入眠期心象体験（1867 年）

た」などのエピソードが鮮やかな映像となって現れます。いまどきランプのホヤを掃除することもないでしょうが、本人はとくに不思議と思う様子もなく、ごく普通のことのように報告してくれます。

風変わりなエピソードとしては、「博物館のホールだと思います。あたりは薄暗くなっていましたから夕方の閉館間近か閉館後かもしれません。私は一人で巨大な恐竜の化石をルーペで見ているところでした」という報告もあります。人けのないホールに巨大な恐竜の骨格標本とともにいるのは不気味な感じですが、不思議なことに怯えも強がりもなく、淡々としてルーペで観察を続けていたと報告しています。

「落ちる」感覚は恐怖につながる

急に人の顔が現れたり、向こうから動物が走ってくるのが見えても、ほとんど不安や恐怖を感じることはありません。これは、入眠期では脳の深いところにある視床下部や扁桃体など、不安や恐怖を引き起こす情動の中枢活動が低下するためだと考えられています。

ところが、例外として落下感や浮遊感だけは激しい恐怖体験を引き起こします。急に体がフワッと浮き上がったり、谷底にまっ逆さまに落ちるという感覚は、布団の中でも電車の中でも、居眠りが始まりかけると突然襲ってきます。授業中に学生にこれが起こると、気の毒なほど大きな音を立てて机を鷲づかみにして立ち上がったり、必死にしがみついたりします。恐怖の色をあらわにして意識が回復します。気がつくと教室中の注目を集め、必死に机を握りしめる自分を発見して、さらに驚くことになります。

私は仕事柄、このような悲劇的な事態にしばしば遭遇します。激しい物音から、「あー、今落ちたんだ」とわかるのですが、実験室では不思議とこのデータが得られません。微小夢などを伴わず突然にやってくることから、おそらく入眠期の初期であろうと思われます。まだ脳波にアルファ波が連続している状態では、自分はまだ目覚めているという強い覚醒感がありますので、この落下感や浮遊感は現実のできごととして処理されるはずです。夢と幻覚の定義に立ち返って考えると、この危機的な感覚は幻覚体験となります。そのために現実感が強いのです。

布団の中でも突然落ちる感覚に襲われるのは恐怖で、布団の底が割れるわけがないとわかっているのですが、毎回、本気でびっくりしているのです。目覚めた直後の真剣な表情は、このことを裏づけています。しばらくすれば、あれはまどろみが生み出したまぼろしであったと考えることができます。そこで、わざわざ入眠時幻覚という物々しい用語で呼ぶよりも、「イメージ」と表現したほうが自然ですので、このような危機的な幻覚体験も含め、入眠時の心象体験と呼ぶことにしています。

心象体験は視覚映像ばかりでなく、鳥の声や波の音、人の声も聞こえます。また音も映像ともなわずに支離滅裂な言葉の羅列や思考の流れが湧き出ては消え、消えてはまた湧き出すこともあります。これは入眠期の初期にしばしば現れる滅裂思考で、覚醒中には思いもよらない飛躍した単語の連鎖から、独創的なひらめきを得る人も少なくありません。

イメージが心を豊かにする

入眠期のイメージ体験は、世の中の倫理道徳や常識に縛られない、無垢で透明な心の状態が生み出したものだと考えた人たちがいます。20世紀最大の芸術活動といわれるシュルレアリスム（超現実主義）の人々です。アンドレ・ブルトンやマックス・エルンストなどを中心に多くの芸術家が入眠期のイメージ体験を絵や詩や小説にしています。ユニークな風貌と性格で有名なあのサルバドール・ダリも入眠期やレム睡眠期の夢に凝った時代があります。マルセル・プルーストは、まどろみのほんの一瞬のイメージ体験から、七部構成の長編小説『失われた時を求めて』を書き上げています。

二〇世紀初頭のパリに集まった芸術家たちは、素直な心、無垢な心になりきろうとしましたが、覚めた意識ではどんなに努力しても倫理、道徳、秩序など社会的な約束ごとに支配され、現実を直視しているつもりが実は何も見えていないと考えるようになりました。そこで社会的な圧力を排除するために、シュルレアリスムの人たちはまどろみ状態に期待を寄せました。眠りと覚醒が共存する入眠期こそ理性が麻痺し、心が解放された状態だというのです。そこで、カーテンを閉めて生暖かいミルクをすすりながら、うとうととまどろむことに専念しました。まどろみ状態に頭に浮かぶさまざまなイメージは、すべての常識から解放された最も純粋な心の所産であり、これこそが真の芸術資源であるというのです。

シュルレアリスムの解説は専門書に譲るとして、ここでは入眠期の視覚心象がどのようなものであるかを、彼らの作品からたどってみたいと思います。次頁の絵はフランシス・ピカビアの作品『パピヨン（蝶）』（一九三五年）です。はじめに目につくのはこちらに駆けてくる馬の全身像です。タイトルがウマなら、これで「なるほど」ということになるのですが、チョウといわれると蝶はどこにいるのか探したくなります。すると馬の顔や足元に大きな蝶が見えてきます。蝶が見えると馬の姿は背景に沈んで見えなくなります。馬が消えると、あちらこちらにさまざまな姿かたちの蝶が湧き出てきます。鳥も飛んでいます。花や葉が見えると今度は、左側に大きな馬面がぬっと出てくるのに驚かされます。

目についたものが図となって浮き上がってくると、いままで見えていたものの姿が失われて背景に沈みこんでいきます。時間と空間の秩序が崩壊した画像にもかかわらず、一つ一つの映像が互いに譲り合って登場し、一枚の絵の中に共存しています。透明な映像を重ねこむ手法で、入眠期中期

フランシス・ピカビアの「パピヨン」(1935 年)

に現れる心象体験の特徴を、見事に表現している作品です。

シュルレアリスムは日本にも大きな影響を与え、瀧口修造をはじめ共鳴する人々はいたのですが、ごく普通の人々の間では、ほとんど話題になることはありませんでした。私たちの文化は、まどろみ状態のイメージ体験に市民権を与えてこなかったようです。日本文化の何がイメージ体験をタブーとしてきたのか、その謎解きは今後の研究課題として、ここでは入眠期のイメージ体験は誰にでも起こるということをご紹介し、これを楽しみに思い身近に感じることによって、心を豊かにすることができるということを提案したいと思います。

（堀　忠雄）

［参考図書］

A・ホブソン／井上昌次郎・河野栄子訳『眠りと夢』（SAライブラリー7）、東京化学同人、一九九一年

N・パウエル／辻井忠男訳『フューゼリ　夢魔』（アート・イン・コンテクスト4）、みすず書房、一九七九年

Stadler, W., Wiench, P.: Lexikon der Kunst : Malerei, Architektur, Bildhauerkunst. Herder Freiburg, Basel. Wien, 1989

金縛り体験

「夜寝ていて突然目が覚めると、まったく体が動きませんでした。恐ろしくて人を呼ぼうとしたのですが、声を出すことができません。胸を押さえられ息が苦しくて、おそるおそる目を開けてみると、恐ろしい形相をした人が体の上に乗っていました。息もできず、とても恐ろしかったのですが、どうやらそのまま寝てしまったらしく気がついたら朝でした。しかし、その体験は鮮明に覚えていて夢とはまったくちがうという感じが残っていました」。(福田ほか　一九九二年より)

これは典型的な金縛り体験のエピソードです。突然の目覚め、体が動かない、声が出ない、強い恐怖や不安に襲われる、胸の上に誰かが乗っているように感じる。そばに誰かがいるような気配を感じる、などが金縛り体験の主な特徴です。福島大学の福田一彦先生が、一九八七年に大学生653名で金縛り体験を調査したところによると、発現率は男性37・7%、女性51・4%、全体で43・0%で、初発年齢のピークは女性が15歳、男性が18歳で女性の方がやや早いという結果でした。

金縛り体験が起きる直前の体調や気分を調べると、「いつもと変わらない」という回答が25%を占めていますが、残る75%は「疲れていた」「いやなことがあった」「生活が不規則だった」「寝不足だった」の4つに集中しています。つまり、「身体的あるいは心理的ストレス」と「睡眠―覚醒サイクルの乱れ」が主な原因といえそうです。初発年齢がちょうど第二次性徴期に当たっているとこ

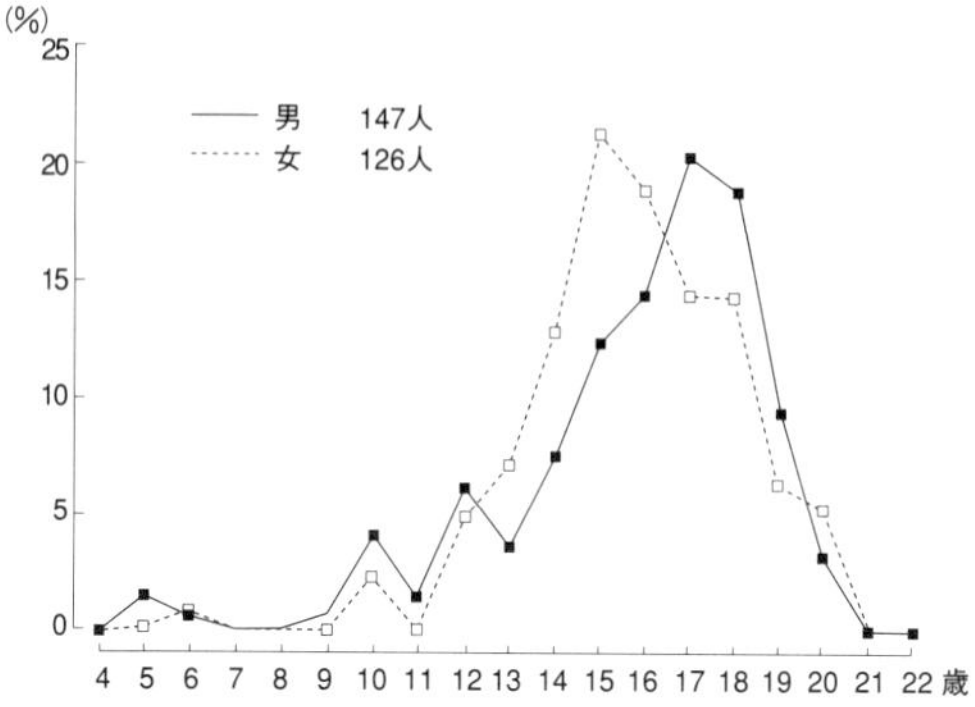

金縛りの初発年齢（福田,1987）

ろから、生物学的な発達と関係しているかもしれませんが、高校受験や大学受験に関連する身体的、心理的ストレス、あるいは青年期に特有の葛藤や不満などが関与していることも指摘されています。

金縛り体験は、入眠期レム睡眠という特殊なレム睡眠で起こることがわかっています。普通のレム睡眠は、入眠後1時間半ほど深い睡眠が続いてから出現します。ところが強いストレス状態にさらされたり、不規則な生活で睡眠―覚醒サイクルが乱れた状態が続くと、入眠直後にレム睡眠が出現することがあります。

通常、入眠後30分以内に出現したレム睡眠を入眠期レム睡眠として、普通のレム睡眠と区別します。この特殊なレム睡眠では脳波にアルファ波が多く出現し、覚醒水準は普通のレム睡眠よりも高い状態にあります。レム睡眠では鮮明な夢を見ますが、ストレスが強い状態では不安や恐怖をともなう悪夢が現れやすくなります。また、レム睡眠では骨格筋の緊張が著しく低下し、力が抜けた状態になりますので、体を動かそうとしても動きません。

このような状態を総合してみますと、入眠期レム睡眠では、脳は高い覚醒状態にありますので自分は目が覚めていると感じます。この覚醒感が脱力を麻痺、悪夢を現実のできごとと認識させ、夢とはまったくちがう不思議なできごとという判断を引き出します。金縛り体験の最中には寝室の光景が鮮明に知覚できることがあります。部屋の明かりは確かに消してから眠りについたのですから、この明るく照らされた寝室はレム睡眠期の夢が映し出している幻影なのです。半信半疑の人も含めると、かなりの人々が目が覚めても、あれは実際に起こった恐ろしいできごとと思いこんでいます。このため、金縛りは普通の入眠期心象体験とは区別して、入眠時幻覚と呼ぶのが正しいといえます。

日本でいう「金縛り体験」は、ヨーロッパでは夢魔《むま》（ナイトメア）が胸の上に乗ることで起こると考えられています。オスの夢魔はインカブスといい、若い女性の寝床を襲います。メスの夢魔はサッカブスといい若い男性の寝床を襲います。どちらも無抵抗を良いことに無法な振る舞いに及びます。一八世紀末の画家ヘンリー・フューゼリ（一七四一～一八二五年）は夢魔が大好きでたくさんの絵を残しています。眠っている女性の胸の上に夢魔が座りこんでいる姿は、「金縛り体験」の特徴を余すところなく表現しています。

欧米での夢魔の体験率は3～6％で、日本の40％に比べると著しく低いのが特徴です。これは日本人が金縛りになりやすい民族だということではなく、金縛り体験にタブーがなく、比較的おおらかにこの体験を口にすることができる精神風土によっています。日本人でも、「睡眠麻痺を経験したことがありますか」と質問すると、精神医学用語にショックを受けて「ありません」という回答が急に増え、「ありました」という答えは4％程度になります。おそらく欧米の若者もその40％は夢魔の襲撃を受けていると考えてよいでしょう。しかし、それを認めたのは4％前後であって、残り

ヘンリー・フューゼリの「夢魔」（1781）

の35％の若者はこれを否定し、なかったことにしたと考えられます。現象は金縛りとそっくりなのですが、夢魔の筋書きはかなりエロティックであり、これに襲われてしまったと告白するには、かなりの勇気が必要です。背景となる物語のありようによって他人に言えない苦しみとなって心にとどまります。このように考えると、金縛り体験でも強いトラウマとなって、素直に肯定できない若者が私たちの身近にいるかもしれません。

金縛り体験の最中に感じる恐怖や不安の強さは非常に強烈なもので、思わず霊の力を信じてしまったという学生が女性で約70％、男性で約45％に上っています。悪夢を予防したり、回避する技術の開発が強く望まれるとともに、悪夢に屈しない勇気を支えるためには、睡眠科学の知識を正しく理解することとその普及が大切だと思います。

（堀　忠雄）

2　夢のしくみ

夢はよく映画にたとえられます。昔は「銀幕」と言いましたが、おおきなスクリーンに素敵な恋人たちがあらわれ、幸せになったり、不幸になったりして、われを忘れて見ている者によろこびを与えたり、あるいはハンカチを濡らさせたりします。危険な目にあい、つらい目にあい、見ている者をはらはらさせるのです。ハリウッド物のようにハッピー・エンドで、めでたしめでたし、に終わるものも、フランス物のようにしんみりと終わる映画もあります。そして、映画が終わってみると、自分が主人公になったつもりでいるのですが、それは本当の自分を仮の主人公に託しているからなのです。そして外にでてみるとあんなに明るかった町並みにいつのまにか夜が訪れていて、時間があまりにはやく過ぎ去ったことに驚いたりもします。

夢もまた同じで、何の理由があるのかわからないのですが、いつのまにか、危険な目にあっていて、そこから逃げるのに必死になっていたりします。昔の恋人があらわれて愛を語らうかも知れません。あるいは死んだ親や友人があらわれて話をしたりしますが、なぜかおかしい、という不思議な気持ちにとらわれます。しかし、この場面は決して夢とはおもわれないのです。映画の中にのめりこむように、夢の中にのめりこんでいて、本当の自分を夢の中の自分に託しています。目が覚めてみると、布団の中に横たわっている自分を見出すだけ、ということになります。

筆者はフランスのリヨンという町に長く暮らしています。昔は絹織物で栄えたところなのですが、実は夢と映画に大いに関係のある土地柄なのです。それは、今日使用されている実用的な映写機が発明されたところであり、また世界にさきがけて「夢の生理学」や「夢の解剖学」の研究が精力的に行われてきたところだからなのです。

映写機の原理はエジソンが発明したのですが、実用にはほど遠く、実際は明治二十年代に、乾式写真版の発売で成功したルイとオーギュストのリュミエール兄弟が、長尺の（現在では短編ですが）人物がなめらかに動く活動写真をリヨンで実用化したのです。その後、活動弁士によって説明されたり、レコードによる付帯音楽のついた無声活動写真の時代をへて、音がシンクロナイズしたトーキーへ、そして総天然色といったカラー映画、立体音効果のある映画へと進歩していきます。

第一次大戦の終わったフランスではアナベラ、ロゼー、シュヴァリエといった大俳優が続々と登場しましたが、そのなかでも群を抜いたのが、ルイ・ジュヴェーだったことは、すくなくとも戦前に生まれた人ならば、知っている方も多いと思います。最近でも、現代映画の行き詰まりやマンネリぶりにがっかりした若い人もＤＶＤ復刻版を手にすることで、こういった往年の映画を鑑賞できるようになったのは嬉しいことです。

さて、リヨンの夢の研究室へと話を戻しましょう。戦争が終わって、戦禍を被らなかったアメリカにヨーロッパやアジアから多くの研究者が集まりました。カリフォルニアの研究室では「なぜ目覚めるのか、なぜ眠るのか」という研究がなされていたのです。そのなかに日本のトキザネ(注)もいましたし、ルイの親戚である若い脳外科医ミッシェル・ジュヴェーもいました。このジュヴェーがリヨンに戻ってきて「夢がどのように発生するのか」について明らかにしたのです。それをこれからお話ししましょう。

注　日本の有名な脳科学者の時実利彦

夢の発生

夢と映画の第一の共通点は「暗くならないと始まらない」ということです。映画は薄暗くても見えないことはないのですが、見づらいですね。夢も眠りばなの幻覚ではストーリーもなく、記憶にものこりにくいのです。ふつう、外界のモノは眼球に入り、網膜にうつり、脳に入って、はじめてモノが見えることになります。映画で言えばレンズをとおった映像がフィルムに写り、現像されてスクリーンにあらわれますが、これがふつうなのです。それなのに「なぜ目を閉じていてもものが見える」のでしょうか。

目覚めているときにはある程度なにかをイメージできます。たしかに山や川のような情景、人間や犬やネコの顔や姿、リンゴや時計といったモノが眼前に浮かびますし、あるいはメロディやリズムといった音楽が聞こえてきます。しかし、注意をそらすと、こういったものはすぐに消えてしまいますし、細かいところまで想像することはむずかしい。

それが、眠りにはいると鮮明に見えてきます。眠りばなには、明るい光や太陽、顔、情景などがあらわれてきますし、また声や音も聞こえてきます。この現象を『入眠時幻覚』と言っています（4章1参照）が、この場合、断片的で、ストーリー性はあまりありません。これは、目覚めているあいだにはこのような映像の出現を脳が抑えているからで、脳の働きが低下すると抑えきれなくなって、映像が出てくるわけなのです。もし、目覚めているときに、目を閉じただけで、はっきりとものが見えてくれば、これは生活上困ることになります。邪魔でしかたがありません。想像でなんとかおぼろげに見えていてちょうどよいのです。

深く眠ってからの夢ではもっとはっきりした映像が出てきます。ほんとうは目を閉じているのだから、なにも見えるわけがありません。それが見えるのはとても不思議なことだとは思いませんか。さて、なぜものが見えるのでしょうか？　ある種の脳の外科手術で、どこに病的な部位（巣）があるかを調べるのに、大脳皮質に弱い電流を流すと、流しているあいだは、はっきりとなにかが見えたり、聞こえてきたりします。それだけではなく、短いストーリーもついています。夢を見ている間も、なにかが大脳皮質を刺激していると考えられるでしょう。その「なにか」とは、映画にたとえればランプにあたる「夢の発生装置」(注)なのですが、これが、夢を見ているあいだに大脳皮質というスクリーンを刺激するのです。

注　「夢の発生装置」が、呼吸や心拍、血圧を調節する、痛みを感じる、表情を変える、噛んだり、のんだり、音を聞いたり、といった働きをもつ脳幹にあることが、ジュヴェーの研究でわかったのです。脳幹から出た信号が視床をとおして大脳皮質に波及すると夢が見えるのです。専門用語でPGO活動とよんでいますが、ここではこういった表現は使わないでおきましょう。ただ、「夢の発生装置」はたったひとつの装置が狭い場所に詰めこまれているのではなくて、いくつかの神経回路が組みあわされてできあがっていることはおぼえておいてください。

したがって、視覚的な記憶が刺激されればなにかが見え、痛いところが刺激されれば痛く感じ、からだのバランスを調節するところが適当に刺激されれば、からだが浮遊することになります。私は高所恐怖症なのですが、空を飛ぶという夢は非常に気持ちがよいものです。

音の記憶が刺激されれば、音や音楽が聞こえてきます。音楽で有名な話では、タルティーニというイタリアの作曲家が作曲にいきづまっているときに、夢に悪魔があらわれて、バイオリンをひいてくれました。目が覚めてから、夢のとおりとはいきませんでしたが、不完全に写しとったといわれるメロディーが『悪魔のトリル』という曲でありました。

さて、音や声の夢といえば、夢で誰かが話をしていることがあります。それは神のお告げでも悪魔のささやきでもよい、外国語でもよいのです。問題は自分ではなくて他人が話をしているように聞こえることなのです。実は自分の脳が記憶をひっぱりだしてきて自分に語りかけているわけで、「幻聴」なのです。目覚めているときにこのまぼろしの声が聞こえてくる「幻聴」があると統合失調症の可能性がありそうです。

夢のストーリー

昔、今でもそうかもしれませんが、映画館は二本立てか、三本立てでした。夢は一晩に平均四回見ます。ところで、映画館にはいるときには、これからどんな映画を見るかは、自分で決めることができます。場合によっては予告編も見ることができます。しかし、夢の場合はそうはいきません。映画館に入ってみないと、そして夢が始まってみないと、どんな夢を見るかはわからないのです。それは夢発生装置が大脳のどこを刺激するかにかかっているからです。記憶という倉庫からどのフィルムが選ばれてくるかわかりません。多くは最近の経験が多いのですが、昔の記憶がまじって、考えられないような冒険をしたりもします（この間は蒸気機関車が垂直の崖をのぼって行く夢をみました）。

また、夢の映写機に使用されている光源（ランプ）はずっと安定してついているわけではありません。切れかかった電球のように不規則に点滅します。ピカピカピカと連続するかと思うと、ピカと一回こっきりであとは消えている、ということもある、いい加減なランプなのです。いずれにしても大脳皮質は半分は目覚めていますから、そこに映像や音があらわれます。外科手術のときと同じように一回刺激されると短いストーリーの映像があらわれてきますから、連続して刺激された場合、さらに長いストーリーができあがります。しかし、場面や状況が一定であるわけではありません。だから夢の筋書きはいい加減なものになってくるのです。

急速眼球運動

眠っているときには眼球は動かないか、ゆっくりと動くだけです。しかし、ある一定の時間が来ると、両眼がまぶたの下ですばやく動くのが認められるようになります。両眼のわきに電極をとりつけて記録すると、一晩中の眼球運動の状態が手にとるようにわかります。この事実は、アセリンスキー、クライトマン、デメントによって一九五〇年代に発見されました。このときに眠っている人を揺すって起こしてみると、ほとんどの場合、はっきりした夢を見ることが確認され、それ以降、夢の研究が科学的になされるようになりました。急速眼球運動睡眠 Rapid Eye Movement Sleep の頭文字をとってこの状態をレム睡眠とよんでいます。日本ではすでに江戸時代にこの現象は観察されていました。水戸黄門が眠っているときにまぶたの下で眼球がすばやく動いたという逸話が残っています。

筋肉の弛緩

目覚めているときには、意志の力で、走ることも止まることもできます。そして走っているイメージをつくることができますが、これはイメージだけで、実際には筋肉に命令は行っていません。さて、夢を見ているときの第三の特徴は筋肉の力がぬけてしまうことです。映画がはじまると、席に釘付けにされて動けなくなってしまい、映画が面白くないから、怖いからといって途中で帰るわけにいかなくなります。夢の中では走っているのに実際は走ってはいない。これは実にうまくできた話です。実際に、夢の内容通りに動くとなると、寝床から抜け出して歩いたりすることになるはずで、目も見えていないから大変危険なことになります。覚醒が障害されているだけなので、目も見えて、いろいろなことができる夢遊病とは事情が異なっています。なぜ、筋肉の緊張がなくなるのでしょうか。これは大脳皮質から運動命令が出ても、途中にあるスイッチが切れていて命令が行かないようになっているからです。このスイッチが病気などで壊れてしまうと、夢を見ているときに動き出してしまうことがわかっています。

悪夢

夢はいつも楽しいものでありたい、そう思っているのに、「怖いものに追いかけられる」「むねの上に重いものが乗っていて苦しい」など、いやな夢を見ることがあります。ホラー映画を見ているようですね。その上、足がすくんだり、腰が抜けたりして動けなかったりするとさらにつらいことになります。これは、日頃ストレスがたまっていたり、ひどいショックにあったり、生活が不安だったり、不規則な生活をしたりしていると出やすいのです。

なぜなら、夢を見ているときには、感情をコントロールしている脳の部分が昂奮していますから、少しの不安がかなり増幅されて怖いフィルムを選んでしまうからなのです。豊臣秀吉が死の床についているときに「信長に首筋をつかまれて引っ張って行かれる」、という悪夢あるいはまぼろしをみたことを前田利家にうち明けています。信長の子らを殺したことで、これから行かなければならないあの世での信長の祟《たた》りが恐ろしかったのでしょう。

からだがすくむような夢の場合、不安部分が昂奮していて、脳全体もかなり目覚めているので、筋肉がゆるんでいることもうすうす感じているのかもしれません。ですから悪夢を見ているときに『ああ、これは夢なんだ』と思えるようになれば、解決策はあります。「もうすぐ目が覚めるから助かる」と思えるようになってきます。そのときにそなえてお経やおまじないのひとつくらい憶えておくと良いでしょう。目が覚めたあとも、すぐに眠らないで、なにか頭を使う仕事を三十分くらいすると、悪夢の続きは見なくてすみます。また、不安を減らせば、悪夢は減るわけですから、昔の人のように神や仏にお祈りをすることで、不安をなくし、悪夢から逃れることも可能になります。

ある種の薬を飲むと悪夢が増えることがわかっています。それは脳内に存在するある物質の量を変化させる薬で、不安を支配する部位を異常昂奮させるからです。この場合「死んだ人が輪になって話しかけてくる」など悪夢の内容が共通しているのは不思議なことです。また、不安を減らしたいと抗不安薬を長いあいだ使っていて、ある日飲み忘れてしまうと、悪夢を見ることはよく知られている事実です。これは薬によって長く抑えられていた感情を支配している脳の部位が、反動で異常に興奮するからなのです。本当に安らかな夢を見たいと願うならば、薬にたよらず（あるいはうまく使って）不安の原因をとりのぞいていくことをおすすめします。

動物も夢を見るのだろうか

人間と同じように、睡眠中に脳が活動をたかめ、筋肉がゆるみ、眼が速く動くことがネコで

みとめられています。ネコは眠るのが大好きな動物です。上の絵のような姿勢で眠っているのを見たことがあるでしょう。ふつうの眠りの時には姿勢が崩れないのです。ところが、次ページの絵のように夢を見る状態になると人間とおなじように筋肉の力がぬけて、横になってしまいます。このネコちゃんは彼女の夢を見ているのでしょうね。それ以来、さまざまな動物の睡眠が研究されてきました。イヌやネズミ、鳥などでは睡眠中に人間と同じような状態が観察される、つまり夢に相当する脳や眼球の活動、筋肉のゆるみなどがみとめられますから、夢を見ているだろうと考えられます。犬はこういった状態で吠えることがあります。サカナやヘビ、トカゲなどでも研究がされましたが、これらの動物では夢を見ている根拠はえられていません。眼も速く動かないし、脳波のきちんとしたものも記録されていません。スクリーンにあたる大脳皮質がないからなのです。

赤ちゃんの眠り

胎児はお母さんのおなかにいるあいだに成長していきます。大脳皮質も小さなものがだんだん大きくなっていき、簡単なものから複雑なものに変わっていきます。ちょうどアマチュアの

8ミリ映画がプロの16ミリになり映画館用の35ミリになり70ミリに発展していくようにです。おなかにいる赤ちゃんの脳は遺伝子に書きこまれたプログラムにしたがってできあがっていくのですが、まず心臓や呼吸や内臓のコントロール部位が脳の重要な部分にできてきます。筋肉がピクピクあるいはぐっと動いてみたりという胎動のある時期に、おなかの中の赤ちゃんの状態をエコグラフでのぞいてみると、眼球が速く動いていたり、男の子では陰茎の勃起が見られたりするので、おそらく、このようなときには原始的な夢を見ているのだろうと考えられています。

遺伝子の設計通りにスクリーンが大きくなっていく、つまり大脳皮質が発達していき、感覚器官をとおして外界からの情報もはいってきます。それは胎内の羊水の味や、外界からの音などかもしれません。これらの相互作用で、味覚系や聴覚系の神経回路がさらに発達してきます。そのとき脳の深い部位から脳を活性化させる刺激があると、脳のどこかに仮にためておいたこわれやすい外界からの刺激記憶が、脳内の神経回路に組みこまれていくと考えられます。

うまれたばかりの赤ちゃんは、眠っている時間が長いことはよく知られた事実です。胎児のときに引き続いて、ほとんどが夢を

見ている状態なのです。夢を見ている間になにがおきているのでしょうか。爬虫類などでは、生まれてからなんの経験がなくても、練習をしなくても餌をさがしに行けます。これは、そのための神経回路が遺伝子によって順序よくつくられていき、生まれる頃にはすべての準備ができているからなのです。人間は脳が未成熟のまま生まれてきますから、他の動物なら、生まれてすぐできることができません。たとえば、仔馬なら立ち上がって歩くことができますが、赤ちゃんは歩くこともできません。生まれてから運動に必要な回路ができあがっていくのです。基本的な運動は遺伝子の設計図通り発達し続けていきます。だから「這えば立て、

立てば歩めの親心」となるし、そのうち走ることもできるようになるわけです。夢を見ているときにもこの設計図が着々と実行に移されているのでしょう。

同じように視覚や言語についても未成熟な脳が夢を見ている間に回路ができあがっていくのですが、運動のようにはいきません。外界からの刺激が必要なのです。生まれたときには視覚についてはまだきちんとしたシステムができあがっていませんから、目覚めているときに入ってきた外界からの映像で網膜や脳を刺激して発達させなければなりません。そうしないと視覚が退化してものを見ているようでも見えていなかったり、見ているものがなんだか判断できな

くなったりします。言語にも基本回路があるのですが、外からの刺激によって言語を獲得していくわけで、母国語は、人種と関係なく、文字どおりその人の住んでいる国の言語になっていきます。夢を見ている間は、このように脳の内部の基本的構造を建設しているだけではなく、外界から与えられた刺激（情報）を、この基本構造に組みこんでいく、わかりやすくいうと、大脳皮質というフィルムに写しこんで加えていくのが夢を見ている状態と考えられるのです。

オトナの眠り

赤ちゃんや幼児の時代をすぎて、少年期にはいると、しっかりとした覚醒がふえてきて、睡眠時間がその分減ってきます。そして二十歳をすぎると、一日のうち十六時間活動し、八時間眠ることになります。冒頭に夢は四本立ての映画だと述べましたが、この八時間のうち、九十分ほどが夢を見る時間となります。具体的な例でいえば、もし、夜十一時に眠り始めると、午前一時頃に二十分ほど夢を見てから、またふつうの眠りに戻り、二時半頃に二度目の夢を二十分ほど、四時頃に三度目の夢を二十分ほど、そして朝の六時頃に四度目の夢を見てから、目を覚ますことになります。これが平均的な人間の一晩の夢の

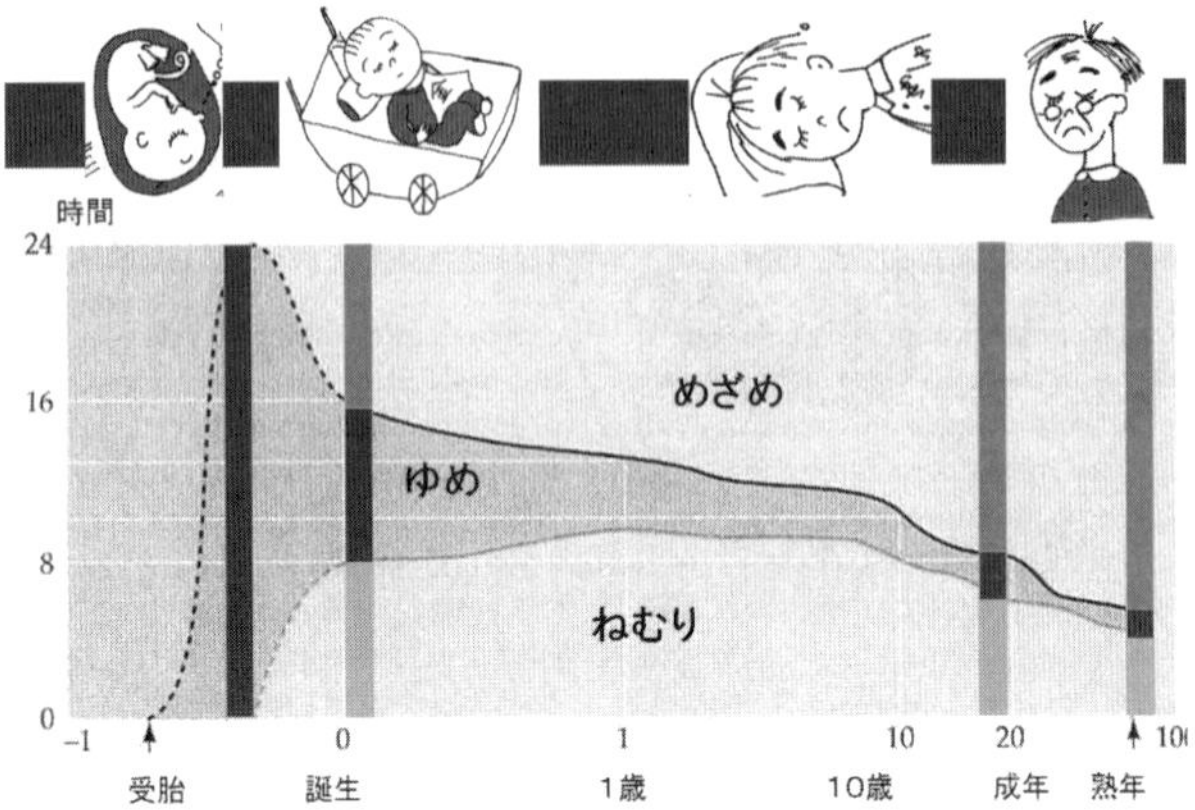

睡眠の発達　(After Roffwarg et al.1996)

経過です。これが老人になると次第に覚醒時間がふえて眠る時間が減ってくると同時に、夢を見る時間も減ってきます。これは神経回路の柔軟性がなくなってきているからで、基本回路に新しい情報が組みこまれにくくなって物覚えが悪くなってくるのです。

夢の効用

夢を見ているときには、「筋肉がゆるむ」と述べました。それは命令を伝えるスイッチが切れているからですね。もうひとつあります。夢を見ているときには外からの情報が入りにくくなっています。これも外からの信号を受け入れるスイッチが切れているから、と考えられます。家でテレビ映画を見ていれば、電話がかかってきたり、夕ご飯の支度をしなくてはならないわけで、まともに鑑賞していられません。ところが、映画館に入ると、映画館がどんな賑やかな場所にあろうと、外の雑音はきこえてきません。この状態で映画が始まるのです(注)。

昔は銀行は接客業務が終わると、その日のおカネの動きをそろばんで計算していました。それと同じように、脳は夢を見ているあいだに経験した昼間のできごとのうち、意味のあるものとないものとをよりわける作業をして、意味のあるものはスクラップブックあるいはフィルムに残しておく作業をしているのではないかと考えられています。目覚めている間に見たものはすぐには記憶には組みこまれず、夢を見ているあいだに神経回路に組みこまれると考えられるのです。実際、なにかおぼえさせて、そのあと夢を見ないようにすると、おぼえたことが記憶に残っていないことが多いのです。

夢を見ているときには、脳の中で記憶を担当する部位が活動をたかめていることがわかっています。夢を見ている間にテープレコーダーあるいはビデオといった録音・録画装置が再生用にはたらいていて、必要不要に分けて、昼間の経験を編集する作業をしているらしいのです。徹夜で勉強して寝る前にある種の睡眠薬を飲むと、翌日になるとせっかく暗記したことをけろっと忘れてしまうことがあります。こういった睡眠薬は夢を見させないようにするとともに記憶を大脳皮質に伝える部位の働きを抑えてしまうからで、せっかく撮影したフィルムに陽があたって駄目になってしまうように、記憶が消えてしまうので注意してください。

また感情に直結している経験も夢に影響を及ぼします。さきほどの悪夢もそうですが、非常に怖い思いをしたとか、職場でいやな目にあったとかすると、夢の量がふえます。そして、目が覚めてみるとこのような悪感情がやや軽減されていることを経験した人も多いでしょう。

もうひとつはからだで憶える記憶があります。自転車を習ったり、ローラースケートを習ったりするときに夢が増えるのです。逆さめがねを使った有名な実験があります。このめがねをすると、世の中がひっくり返り、下にあるものが上に、上にあるものが下に見えます。ですから歩くのもままならないし、そのうち吐き気がしてきます。そのような生活をしていると最初の頃には夢が増えてきます。ところがこの生活に慣れてくると、字も書けるしローラースケートにさえ乗れるようになりますが、夢の量はもとに戻ってしまいます。今度はめがねをとると、世界がもとのように見えますが、逆さであることに慣れていたので、やはり気分が悪くなって、また夢が増えます。

新しい環境に慣れるまでは、脳の中のしくみをうまく組み替えていかなければなりません。そのために配線を変えていくのです。そのときに脳が活動します。その反映が夢なのです。このようにしてたくわえられた経験が、映画でいえばフィルムに現像されてストックされ、現実の生活に直接、あるいは無意識として間接に役立ったり、あるいは夢の中に現れてくるわけです。

夢は忘れてあたりまえ

せっかく楽しい夢を見ていたのに、朝になって目が覚めると、夢は「まぼろし」のようにあとかたもなく消えてしまいます。「夢など見たことがない」と言う人も多いのですが、このような人に実験室に来てもらって眼が速く動くような状態でゆすぶって起こすと「はっきりした夢を見ていた」という報告をしてくれます。こういう人はつまり、日常生活では目覚めた瞬間に夢を忘れてしまうのです。夢をよく見る、と言う人も、「朝方の夢はおぼえているけれど、その前のはどうも」という場合が多いですね。一晩の夢は四本立ての映画を見ているのに等しいのですが、最初の三本は記憶に残らないことが多いのです。これは夢を見ている間にテープレコーダーあるいはビデオといった録音・録画装置が再生用に使われていて、記録用にははたらいていないからで、あらたに夢の内容を記憶するということはしていないと思われます。「夢が朝露のようにはかない」のは記憶に残らないからなのです。

『邯鄲《かんたん》』という有名な能の原作である『邯鄲一炊の夢』の話は、主人公の盧生《ろせい》が不思議な枕で夢路につくと帝の使いに起こされ、都へのぼって帝になり、栄耀栄華をつくします。五十年たっての酒宴では夢の舞いを見、自分も立って舞うのですが、それはすべて夢の中のできごとで、じつは宿の寝床に寝ていただけで、起こされてみると、それはアワの飯がたける間のわずかの時間だった、という筋書きになっています。「人の一生など仙人や天人の一生にくらべれば一炊《いっすい》の夢のように短いものさ」という意味がこめられているのでしょう。これは中国の白髪三千丈《はくはつさんぜんじょう》のたぐいの誇張した話で、これほど長い夢を短時間に見ることはふつうはないと思いますが、長い夢と思ったものでも、目覚めてみるとすっかり忘れられているか、短いものにまとめられてしまっています（81ページ参照）。

それは、夢では記憶装置がきちんと働いていないことが理由なのですが、一般に目覚めてすぐに活動すると、現実の反応が優先するからで、夢のようなこわれやすい記憶はどこかにとんでいってしまうわけです。むかしビビアン・リーとクラーク・ゲーブル主演の『風と共に去りぬ』という四時間ほどの映画を渋谷の名画座で見て昂奮したことがあります。四時間があっという間にたってしまいました。外へでると夕闇にネオンが輝いています。その昂奮にせっかく浸っているときに、おもいもかけず友人に出会って声をかけられ「久しぶり」と言ったとたん、あの感動は夢のように消え失せてしまいました。「忘却とは忘れ去ることなり」とはある有名な映画監督の名セリフです。

おあとが ようしいようで…

注　場内放送で名前をよばれると映画の内容が変わってしまうことがあります。

（北浜　邦夫）

夢まぼろしの映画

映画館にはいると知らない外国語が聞こえてくる。字幕がおどる。そうするとなぜか知らないが、からだがぞくっとしてくる。言葉がわからないので懸命に字幕を追う。これがひたすら外国映画（洋画）を見ていた二十歳頃の記憶であるが、なぜか邦画を見たときの感動とはちがう。黒澤の『七人の侍』でも小津の『東京物語』でもこうではなかった。『ローマの休日』をみたときはイタリアに行った気分になったし、『太陽がいっぱい』ではこころはフランスに飛んでいたのだ。二十歳頃にみた映画は、すなわち、かなえられない「夢」や「あこがれ」だったのである。それが、フランスに三十年も住んでみて、フランス語もある程度理解し、映画の中に毎日暮らしているような気分でいると、フランス映画を見てもあの「ぞくっ」とした感じは味わえない。夢は夢でなくなっている。

さて、映画には夢やまぼろしの手法が取り入れられていることがある。もちろん、名前だけのこともある。たとえば『大いなる幻影』などではなにもでてこない。逆に、一九五二年ベネチア映画祭国際賞受賞に次いで翌年同映画祭銀獅子賞を受賞した溝口の『雨月物語《うげつ》』ではもちろん、原典がまぼろしをあつかっているから、そのまま、まぼろしがでてくる。

また、現実にありえないことを現実にあるように描くタイプの映画がある。それは、「空を飛ぶ」「魔法を使う」といったもので、『メリー・ポピンズ』『ピーター・パン』のようなものがあり、宙に浮かぶのが特色である。最近では特殊撮影を使用した『スーパーマン』『ハリー・ポッター』のような現実の人間が空中に浮いたり、飛んだりするものがある。おそらく、これは夢からヒントを得たものだろう。夢の中では自由に浮いたり、飛んだりすることができる。なぜだろう。

遊園地に「ビックリ・ハウス」なるものがある。ブランコが揺れていて内部に描かれている景色が一回転するだけなのだが、視覚と平衡感覚がだまされて、自分の方が回転すると錯覚してしまうから、スリルを味わうことができる。おそらく、夢を見ている時もおなじように、重力を感じたり、バランスをとっている脳の部位がなんらかの刺激を受けて錯覚しているのかもしれない。筆者のいつも見る得意の夢は飛行機で地下鉄のトンネル内を飛ぶ夢である。いつのまにか電線にひっかかりそうになったりする。よく橋の下をくぐったこともある。宮崎駿『紅《くれない》の豚』でこのシーンを確認してひっくりかえるほど驚いた。「うーん、同じような夢を見ているんだなあ」。

不思議な世界に入りこむタイプもある。人気のアニメではやはり宮崎駿『千と千尋の神隠し』で女の子がトンネルのむこうに入るとジブリの棲む別世界になる。そこにはいろいろな冒険が待っていて、ワクワク、ハラハラして長い時間がたつ。ところが、トンネルを出てくると、豚になったはずの両親が待っていて、ほんの短い時間が経ったにすぎないことを知らされる。これは本文に出てきた『邯鄲一炊《かんたんいっすい》の夢』と同じような設定である。

不思議な世界に入りこむにしても、さらに夢に似せて映画をつくることもある。『オズの魔法使い』など出だしと終わりの目覚めているところが白黒で、夢を見ているところは、色彩にあふれかえっている。登場人物が目覚めているときにつきあっている誰かに似ていてもそれを思いだせない。夢の中の人物が現実の生活で出逢う人々と連動しているのが楽しい。最後はこの魔法の国を支配している魔法使いがマシーンを使っているのがばれて、非論理的なデウス・エクス・マキナ（注）のどんでん返しで、なんとか地上に戻って目が覚める、といった趣向だ。

夢そのものズバリの映画といえば、やはりチャップリンのモノクロ映画、プロシアとの戦争映画にとどめをさす。大雨の日に兵卒の主人公がちょっと仮眠しようとしてテントの中に入って眠り始めると、激しい戦闘が始まり、あわてて戦闘に参加して、例の如く、いろいろな失敗をかさねる。夢の中だから論理などなく、ストーリーが滅茶苦茶でちぐはぐ、ここがよいところだ。結末はどういうわけか、いつのまにかカイゼルを虜にしてめでたし、めでたしになるのだが、ここで目が覚めて上官にどやされるのである。この映画ではチャップリンの眼は右や左に忙しく動いていたから、レム睡眠（「夢のしくみ」参照）だったのだろう。観客の眼も忙しく動いていたにちがいない。

黒澤明の映画『夢』では、夏目漱石の『夢十夜』のように、「こんな夢を見た」で各シーンが始まり、不思議なエピソードが多く出てくるのだが、夢にみられる論理の飛躍があまりみられない。冒頭はファンタジーだが、後半の放射能や水車小屋のエピソードは教訓的である。シミュレーションというよりも、『夢』に託して黒澤の「理想の夢」を語ったといったほうがあたっているのではないだろうか。おなじ『八月のラプソディ』では原爆が「ピカ」という大きな眼のイメージで出てくる。深いこころの傷を負った者だけが見るまぼろしである。

もちろん、山田洋次『男はつらいよ、フーテンの寅さん』はほとんど見た。この映画の特色は出だしに「寅さんの夢」が出てくるところだ。昼寝のことが多いがこれも夢にかなり忠実にシミュレーションしているタイプである。かならず本編の登場人物があらわれてくる。妹もおいちゃんもおばちゃんも、タコまでもだ。最後は夢に入りこんできた何か周囲の音、豆腐屋のラッパなどの音で目が覚める。本編にリンクしたまさ夢や予知夢であるかどうか、作品によってちがうのがよい。

いつも失敗ばかり、余計なことを言って嫌われる、そのくせ、憎めない。想う彼女には相手にされない、無類のお節介でおひとよし、お終いのカットではかならず年賀状だ。そして観客に、「まあ、俺もひどいが、あの寅さんよりはましだろう」と安心させるところが味噌である。筆者は自慢ではないが、寅さんくらい「おっちょこちょい」だ。だから、「車寅次郎」こと柴又の寅さんが筆者を救ってくれるのである。

「今度はこんな映画《ユメ》にでてみたいなあ」
フーテンの寅さん

「ワン・パターンなのでおもしろくない、マンネリで飽きた」、と言う人も多いだろうが、ワン・パターン、これが日本の庶民がハラハラせずに安心して見て楽しめる娯楽の一パターンなのである。いつも同じなのを承知で見に行く。これは歌舞伎でいえば、同じような出しものを何度も見に行って陶酔するのと同じだ。そしていつもの名場面にくると「待ってました、成駒屋《なりこまや》！」とばかり声をかける。「寅さんがまた振られて階段から転げ落ちた」となれば「待ってました、寅屋《とらや》！」「いよっ、色男？ 車屋！」となる。映画だから声をかけないだけだ。そういえば、いつも同じように展開していく夢もあったっけ。

話は変わるが、冒頭に述べたように、映画を見るたびに「ぞくっ」とした感激をいつも持ち続けていたのが、映画評論家の「小森のおばちゃま」こと小森和子さんである。『エデンの東』のジェームス・ディーンに心底惚れて、あこがれて、アメリカにお墓参りにまででかけたほどの人物だ。二十歳の頃のように主人公の肩をもてなくなった筆者にとって、九五歳まで初々しいこころを持ち続けたおばちゃまがうらやましい。

しかし、年をとって悪いわけではない。記憶というものはまったくあてにならない。昔見た映画を久しぶりに見たりすると、まるで初めて見たような気がする。細かいところを憶えていないのだ。得をしたような気になる。友だちのお父上で九八歳になるご老人はスポーツマンで元気矍鑠《かくしゃく》としておられ、囲碁は初段で私などはコロコロと負かされてしまう。その彼は戦前・戦後の映画の大ファンで、アンソニー・クインを自称している。彼は昔見た白黒の映画を見るとその当時の青春のこころに戻る。ジェルソミーナに惚れている彼のこころが踊りだし、あの若かった頃に戻っているのだ。ただ夢を見たあとに内容を忘れてしまうように、詳細を忘れてしまって、同じ映画を何回見てもあきないし、そのたびに感動している。「かわいそうなジェルソミー

次回の「寅さん」のマドンナはこの人!!

ナが死んだ」、と知らされる場面では泣いている。というわけで、このように年をとっても元気でさえいれば、悪くはないこと、なのである。これもうらやましい。

注　デウス・エクス・マキナ（神さま・出てくる・機械）―演劇の場合、話がこんがらがってくると土壇場で神さまや『暫』の鎌倉権五郎のような人物が、天井から機械でおりてきたり、花道に登場したり、奈落からせり上がってきて、有無を言わさず快刀乱麻、問題を解決してしまう、デウス・エクス・マキナという『どんでん返し』の裏技がある。みんな神さまのせいにしてしまえばよい。夢が覚めて助かった！　でもよい。『オズの魔法使い』のばあい、まさに機械《マシーン》が出てくるのである。

と、注をふったところで、もう一回、『オズの魔法使い』を見てみた。うむ、やはり、細かいところを忘れていた。人間の魔法使いがマシンを操作しているのが、愛犬トトのおかげでばれて、みんなの悩みが一気に解決、そして、気球にのって、故郷のカンザスに帰れるはずだった。それが、またもや、愛犬トトのおかげで乗り損ねてしまう。困っているときに、やさしい魔法使いが具合よく現れてくれる。ネタばらしをするのは映画ファンへの仁義にもとるので、これ以上は続けないが、とにかく、おまじないを三回、「うちが一番良いところ」ととなえて、目が覚める。この最後の場面がご都合よくできているが、この理由は『夢は一瞬のストーリー?』（81ページ）を一読していただきたい。これから見る人はこんなことを考えながら見ると、『オズの魔法使い』がとても面白い映画になってくる。

（北浜　邦夫）

パネルディスカッション

「ねむりを楽しむ——夢学ことはじめ」

——誰もが気になる夢のあれこれ

コーディネーター　高田　公理

●夢の正体

高田公理氏

高田　北浜先生は、しばしば、夢を映画にたとえられますね。その際、「夢」という名の「映画」は「大脳皮質というスクリーンに、寝ぼけた映画館の支配人の手で映し出される脈絡のない記憶」だとおっしゃる。とすれば当然、夢のもとになる情報は、記憶や経験だと考えてよいのでしょうか。

北浜　そうです。夢は、映画のフィルムが大脳皮質というスクリーンに映し出されるようなもので、大脳皮質に脳幹からの刺激があると勝手に過去の記憶が出てきてしまうので、内容の組み替えが起こったり、見たこともない人の夢を見たりします。「前頭葉」という劇場支配人が起きているとフィルムの管理をして、物事の脈絡をつけますが、眠ってしまうと上映するフィルムが切れ切れになったり、フィルムの種類や順番の混乱が起きてきます。

高田　ところで、夢は、夜の寝入りばなか、それとも明け方か、いつごろ見るものなのでしょうか。それに、夢が終わるタイミングはどうなっているのか。その種類や内容は、どのように選ばれるのか。そのあたりについて……。

堀　ふつうは、眠りに落ちていくときにも短い夢を見ますが、ふつう、私たちが夢と呼んでいるものはレム睡眠の時に見る夢と言ってよいでしょう。レム睡眠は90分ごとに現れ、朝方になるほど1回あたりの長さが長くなりますので、朝方の方がたくさん夢を見ているといってよいと思います。

北浜　8時間の睡眠をとるとすると、夢を見ている時間は全部で90分ですが、通常、4回から5回に分けて見ます。午後10時に寝ると、真夜中の12時ごろに1回めの夢を見る。終わるとまた90分ぐらい経って短い夢を見ます。それから3回めを見て、目が覚めるころに見る4回めの夢はやや長い。時間はそれぞれ20分、20分、20分、30分ぐらいでしょうか。その間はふつうの眠りがあります。

北浜邦夫氏

面白いことに、4回めの夢が終わると、目覚ましが鳴らなくてもぴしゃっと起きる。それは脳が「これから起きるぞ。準備ができたよ」、と言っているのです。でも、日曜日の朝、もっと寝ていたいなと思って朝寝していると、5回めを見ます。

高田　面白い夢を見る人がいたり、不思議な夢を見るという人がいたりしますが……。

北浜　うつ病の人は、面白くない夢ばかり見てしまうことが多いようです。映画みたいな面白い夢を見る人は、その人がその夢に関心をもっていて、内容をかなりうまくつなぎ合わせていると考えられます。

●夢と創造――寝ても覚めても

高田　さて、そこで興味を引かれるのは「夢の創造性」

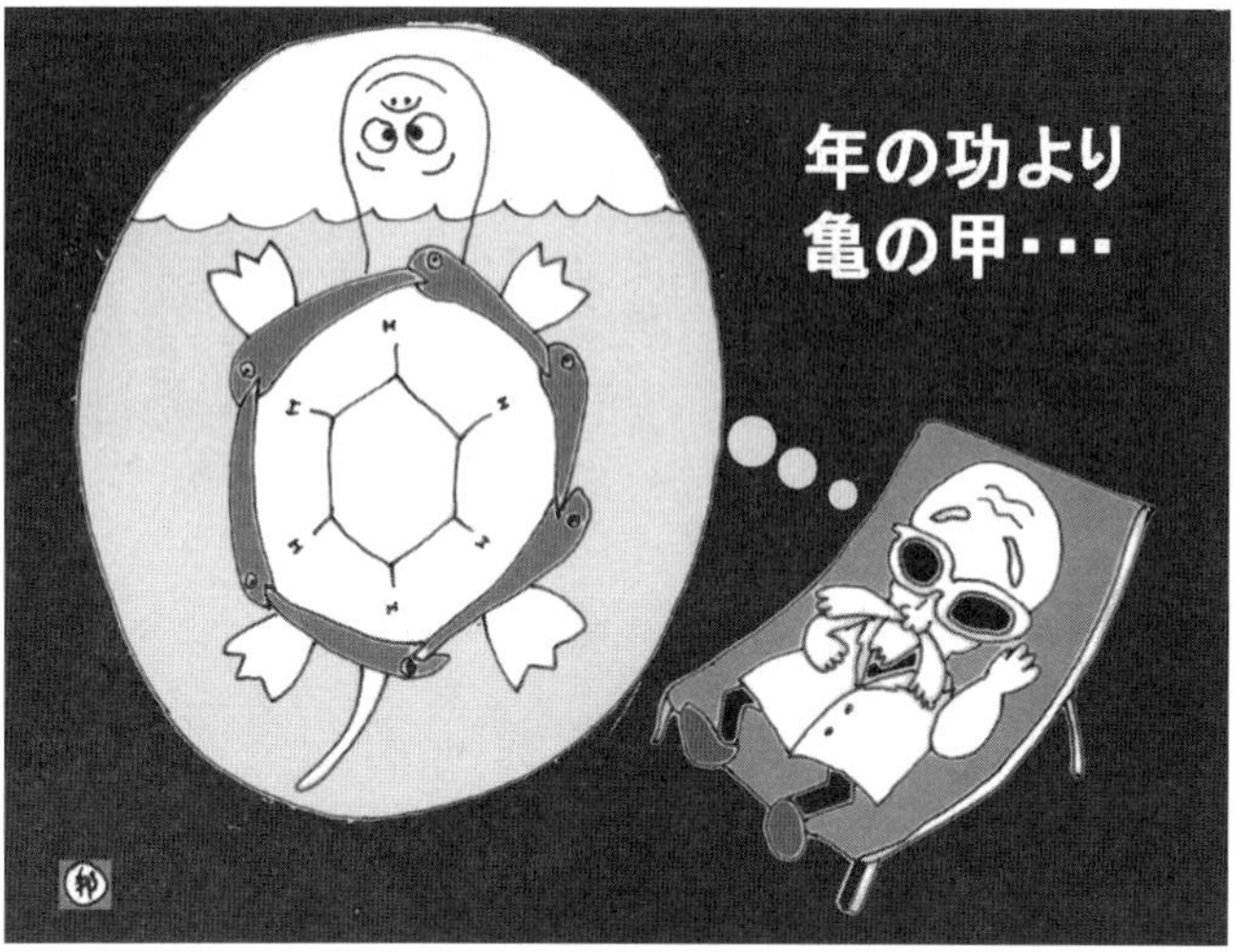

堀　です。化学者の福井謙一さんでしたか。枕元にノートと鉛筆を置いて眠り、寝入りばなの夢の中で思いついたアイディアを書き留めたといいますね。シュルレアリスムの画家や詩人も、夢からのヒントを創造の源泉にしたといわれますが……。

フランスの作家ブルトンは、暗がりの中でアイディアが浮かぶと即座に書くというので有名です。俳句や歌をつくる方も、いい句や単語が浮かぶとメモして、翌朝またちゃんと編集する。入眠期のうとうと状態のときは、とんでもなくいい言葉や新しいアイディアがふっと浮かぶことがあります。

ケクレという化学者は、暖炉の火のそばでうとうとしているときに、ヘビがお互いのしっぽを食い合う奇妙な夢を見て亀の甲マークのベンゼン環のアイディアが浮かび、世紀の大発見をしました。学会発表の締めくくりに、彼が聴衆に向かって「皆さん、夢を見ましょう、夢を」と言って驚かれた話は大変有名です。

ただこれも、夢に見るほど思い詰めているからアイディアにつながっていくので、ぼーっと見てい

堀　忠雄氏

ると、ただの変な夢で終わってしまうわけです。ですから、シュルレアリスムの人は、これで一発いい絵を描いてやろう、いい歌をつくろうという情熱で夢を見る。寝ても覚めても研究のことを考えている科学者は、夢からいいヒントを得るのだと思います。両方とも非常に情熱的に、こういう入眠時体験を生かしているというところが大事だと思います。

●生まれた社会でちがう夢の文化

高田　ところで、昔の日本語では「夢」を「寝目（いめ）」と呼んでいた。「い」は「寝ている」、「め」は「見る」ということですね。つまり「夢」は「寝ている」ときに「見る」ものだった。ところが、現代の日本語で「夢」というと、たとえば新聞での利用例を調べると、その95％ぐらいが「将来の夢」、つまり「こんなことが実現できたらいいな」という意味で使われているようです。

そこで思い出すのは、20世紀に急速に進歩した科学と技術です。実際、夢のメカニズムも、かなりの程度、科学的に解明されてきた。

ところが他方、寝ているときに見る「夢」については、世界のさまざまな民族が、それぞれに異なった「夢の理解のしかた」にかかわる文化をもっている。まあ、ここで「文化」というのは「考え方のクセ」といった意味だとご理解いただければいいのですが、豊田さん、いかがでしょう。

豊田由貴夫氏

豊田　そうですね。文化というのは、「われわれが生まれてから身につけるもの」ですね。個人の癖とか遺伝ではなく、ある地域に暮らす集団が同じようにもっているもので、生まれてのちに社会から学び、受け取っていくものということになります。

高田　そうですよね。で、日本で「夢から連想するもの」を調べたところ、男性は「宝くじ」「はかない」といった言葉を連想する。それに対して女性は「正夢」「実現する」「夢占い」などを連想した。ここには男と女の、ものの考え方のちがいが反映されているようですが……。

豊田　男性は、宝くじを買って、経済的な見通しを立てようとする。女性の場合は、それが少ないのではないかと思います。

高田　なるほど、たしかに「宝くじ」や「夢占い」などは、いずれも「手に入れたい未来」への願望に根ざしている。

そこで、ちょっと余談になるのですが、その未来の取りこみ方に、大きく二つの流れがあるように思うのですね。

ひとつは「賭博」です。これは、未来を予測し、自己責任に基づいて、お金を賭ける。だから従来は、主として収入のある「男性の遊び」だと見なされてきた。もうひとつは「占い」です。これは、未来への問いを誰か他人に投げかけ、お金を支払って、その問いへの答を聞かせてもらう。ここでの未来には、明らかに「他者への依存」という側面がある、これには主として女性が熱心だった。

それが最近では、女性も公営ギャンブルに出かけるようになった。占い好きの男性も増えている。そういう気がするわけです。

こうした状況下では「夢」という言葉の意味も変化せざるをえないのではないか。睡眠文化研究所の調査によると、一九八三年ごろから、「夢」が「夜に見る夢」から「将来に実現したい願い」にシフトしてきたというのですが、このあたりの文化変化を、どう理解すればいいのでしょうか。

豊田　ひとつには英語の影響があるのではないかと思います。

高田　なるほど、アメリカンドリームですか。

豊田　そうですね。この概念が日本に入りこむことで、夜見る夢だけではなく、将来の希望という意味も取りこんだのではないかと思います。

高田　眠りと夢の両方をキーワードに新聞などを調べ

ても、「夢」という言葉の使われ方では、「将来の夢」がものすごく多くて、とくに「朝日新聞」の文芸欄は顕著でした。ＮＨＫのニュースを見ると、一九五五年とか一九六〇年代に、「夢の超特急・新幹線」などといった使われ方が始まっている。でも、個人がそのような使い方をし始めたのは一九八〇年代の前半だと思われます。

●手が届かないもの、それが夢？

高田　そういえば小学生時代だったでしょうか。なんか「将来の夢」という表題の作文を書かされた記憶があります。もう少し年輩の人は、そんな表題の作文を書かされたことはないとおっしゃるのですね。というのも、「夢といったら、当然、眠っているときに見るものじゃないか」という、そういう固定観念が強かったから……。

北浜　将来何になりたいかという作文はありましたよ。僕はロボットをつくりたいと書いたかな。

高田　夜、眠っているときに見る、いわば「まぼろしとしての夢」が、なぜ「未来」に投影されるようになったのでしょうか。堀さん、いかがですか。

堀　日本語が変わってきたせいでしょうね。夢やまぼろしというと、昔はつまらないものだと思われていて、まじめに人生に取り組むときのテーマを、夢という言葉では呼びにくかったのだろうと思うのです。

　貧しかった時代の日本人が、たくさん働けばお金が入ってきっと幸せになると信じていた頃から、少しずつ豊かになると、幸せはもう一歩先にあると考え出す。それが多分'80年頃だったのではないか。実現可能な目標を夢見るより、もうちょっと空想的な世界になる。

高田　たしかに、そのころ、新しい科学や技術が急速に進歩して、われわれも、「きっとこの先には素晴らしい未来が開けるのだ」という思いをもったのですね。とくに高度経済成長の時代には、まじめに一所懸命、働けば、少しずつ、しかし着実に経済的な豊かさを手に入れることができた。そんな時代の流れのなかで「夜に見る夢」が「未来を先取りする夢」に意味を転じていったのかもしれません。

北浜 戦争中、食べ物のなかった時代には、銀シャリと言って白いご飯を食べるのが「夢」だったといいますね。叶えられそうで叶えられない、はるかに離れたもの、それが夢なのです。

豊田 一九七〇年代から一九八〇年代の経済的な発展で、ふだんの生活に困らなくなって、その先を望むことが夢につながってきたのかもしれませんね。

高田 そうした時代の果ての、二〇世紀末から二一世紀にかけての時代は、科学や技術の未来に「夢」を託すのがむつかしくなってきている。原子力やバイオテクノロジー、コンピュータ科学などにも、さまざまな弊害が予想される。それに「とんでもない夢」といえば「タイムマシン」ぐらいしか残っていないのかもしれない。こうした状況のなかでは今後、「将来に実現したい夢」もまた衰退していかざるをえないのでしょうか。

堀 物質的な「もの」の問題を解決するような科学は、夢とは呼べなくなってくると思います。ただ、脳が脳をどのくらい理解できるかは、まだ科学でもよくわからない。

たとえば、悪夢をどうやって切り抜けるか。楽しい生活、心の充実とは何なのかを探していくと、青い鳥ではありませんが、何か物を手に入れて解決するより、もう少し精神性の高いテーマになってくる気はします。

●悪夢と金縛り

高田 精神性の高さとは、直接の関係はないのですが、眠りとの関係でいうと、しばしば女子大生が「金縛りの話」をします。若い人の中にはずいぶん金縛り体験が多いようですが……。

北浜 私も二十歳までは金縛りがかなりあって、それがきっかけで夢の研究をするようになりました。金縛りは、不安や不規則な生活、海外旅行の時差ボケなどでもよく起こります。25歳ぐらいになると、しだいになくなっていきます。入眠時にも、音や視覚的な体験がありますね。

堀　入眠時幻覚の中では、ノンレム睡眠に限らず、いろいろな映像が見えたり聞こえたりします。ただ、生活リズムが乱れていると、ふつうは寝てから90分後に出てくるレム睡眠がいきなり出てきたり、レム睡眠の途中で急に覚醒水準が上がって、夢の中で「目が覚めた」と思うようなことが起こる。ところが、レム睡眠なのでからだの力が抜けていて身動きできない。それを胸の上に何かが乗っている、押さえつけられていると、半分寝ている脳が感じるのです。

生活リズムの狂いやすい思春期の15～16歳頃では、寝入りばなにレム睡眠がぽんと出てしまったり、途中で目が覚めて、もう一回寝たときにいきなりレム睡眠が起こってしまう。まだ起きているつもりのときに急にレム睡眠になって夢が始まると大混乱が起こる。それが金縛りだといわれています。

この原理を使えば、健康な人に金縛り体験を起こすことができます。

高田　なるほど、極度の不安や過剰な疲労、時差ボケなどの条件下では、金縛りが起こりやすいということですね。いまどきの世の中、顕在的ではないにしろ、女子大生たちは、ずいぶん強い不安感をもっているような気はします。時差ボケは一時的なものだとしても、彼女ら、けっこう疲れてもいる。こういう条件を拭い去れば、金縛りという不快な体験をせずに済むわけですか。

堀　大学生でも、金縛り体験で、霊の力を信じたりします。暗がりの中で身動きできなくて、とても苦しくて怖い。しばらく経つと、悪い奴が出ていって、すっと力が戻ってくる。そうして霊魂商法にひっかかったりする。

金縛りという現象は、科学的にありうるレム睡眠の一種のパターンなので、別に霊魂のしわざでも何でもないという知識を、みんなで共有することが大事です。世界中の若者の30～40％が体験しているので、決して孤独なできごとではないということを教えてあげてほしいと思います。

●夢の利用法

高田　これで「悪夢」も、ある意味で科学的に解釈されたことになります。

ところで、「よい夢」というのか、夢が「心の充実」にかかわるという話もありますね。たとえば、アメリカの人類学者、キルトン・スチュワートですか。彼の調査によると、マレーシアのセノイ族は、たがいに夢を語り合うことで親密になり、平和になるという。そこから新しい創造的な発想やアイディアが出てくる場合もあるという。

むろん彼の話の「できすぎ」の部分は、のちに批判的に検討されるわけですが、実際に「夢を共有」することによって「穏やかな社会」が実現できるといった可能性はあると思われますか。

豊田　セノイ族の夢理論には、こんなふうになれば、おそらく社会が理想的な状況に近づくのではないかというキルトン・スチュワート自身の希望がかなり入っていたのではないかと思います。事の真偽は別として、彼の希望をそのまま受け入れれば、ある程度社会がいい状況に進むことは可能ではないかと、私は考えています。

高田　ただ、現代の日本社会で、とつぜん「夢を語り合いましょう」というわけにはいかない。でも、子供たちに、じょうずな「夢の利用法」を教えてあげることはできるかもしれない。まあ子供たちは、よく夢を見るわけですが、それを、ある種の創造性を伸ばすことにつなぐことは、できないのでしょうか。

北浜　夢をたくさん見るのは、まず、やはり夢に興味のある人ですね。それから、注意深い人。夢なんかどうでもいいという人は、やはりあまり見ない。というよりも、すぐに忘れて、すぐに現実の世界に入ってしまうのです。

高田　現代日本の現実は、たしかに厳しいですからね。そういえば黒澤明監督の映画に『悪い奴ほどよく眠る』というのがありました。そうかと思うと、よく夢を見る人ほど、よく眠るという。そういう人は、夢の内容が豊かだというデータもあるのだそうです。

じつは私、ことし還暦を迎えることになっていて、確実に夢を見にくい年齢にさしかかってきているのですが、これからの高齢化社会で、せめて寝ているときだけでも、上手に快い、面白い夢を見るという方法はないのでしょうか。

ふだん、逆さめがねを掛けて歩くといった非日常的な体験を続けると、ある種のストレスが溜まって、よく夢が見られるのだという話を聞いたことがあるのですが……。

北浜　まず、その日一日は吐き気がします。

高田　はあ、なるほど、確かにそうでしょうね（笑）。

北浜　大昔にストラットンという人が実験しました。左右上下がひっくり返って見えるめがねを着けたまま歩くと、人が左から来たら右から来るように見える。よけようとすると、逆にぶつかる。ご飯を食べようと思っても食べられなくて、その日、一日はつらい。でも、不思議なことに二日目、三日目から適応できるようになる。そのときは、夜、夢が増えます。これは自転車に乗る練習などでも夢が増えます。これは感覚運動学習といって、目や腕や脳が一緒になって動いて、脳の回路が編集しなおされるときに夢が増えるのです。ですから、年を取った方も、ゴルフでも何でも練習運動をすると、夢はかなり増えると思います。

●夢を楽しむ

豊田　アメリカではよい夢を見る方法がかなりまじめに議論されています。たとえば、よくいわれるのは、起きた後に充分時間的に余裕のある日を選んでおき、そして前の夜に見たい夢を一行にしてメモに書いておく。そうすると、その夢を見ることが多いということが、まじめにいわれます。

これは一応理にかなっていて、起きた後に充分時間的に余裕のある日を選ぶというのは、夢は起きた後にすぐ忘れてしまうので、起きてから夢のことを考える時間的余裕をもつという意味があります。それに、前の夜に見たい夢を書くというのは、夢のことを強く意識する、という意味があります。その意識が強く脳に残り、それが夢となって現れるのだろうと考えられます。このようなことは夢を見るための条件としては理にかなっているので、そのとおりになることが多く、信じられているのだろうと思います。

高田　夢の売買をして、お金もうけができた頃とちがって、現代は、いい夢を見ることによって豊かな気分になれる。そういう可能性はあるわけですね。

堀　「夢をふだん見ますか？」というアンケート調査で、「よく見る」と答えた人を集めて実験室で寝てもらい、レム睡眠の最中に起こすと、夢をよく思い出します。ところが、ふだんからあまり夢を見ないとか、今まで一回も見たことがないという人でも、レム睡眠の最中に起こされると非常に鮮やかな夢見体験の記憶がありますので、本人もびっくりします。ですから、夢を見ないという人は、夢見体験がないのではなく、夢見の記憶がないのだと考えられます。

老人になると夢を見なくなるのは、夢に対する好奇心が減ることと、ストーリーを組み立てるのに要するエネルギーが不足してくるせいかもしれません。

若い方は、レム睡眠の最中に目が覚める傾向がありますので、まだ生々しい夢の体験が残っている。ところが高齢者になると、目覚め方が変わってきて、レム睡眠でないところから目が覚めるので、夢の記憶をたどるのに苦労が要ることもあります。

高田　今日のシンポジウムのテーマは「ねむりを楽しむ――夢学ことはじめ」でした。このテーマの可能性、あるいはそれをどのように考えていけば楽しい人生が送れるのか、ひとことずつお願いします。

豊田　まず、夢と現実というものをわれわれは全く別のように考えますが、いろいろな民族の夢理論などを調べますと、夢と現実はかなり連続性があるという考え方がみられます。そうすると、自分が夢を見ていることを、自分で意識できる明晰夢（2章リアルタイムの夢・「明晰夢」参照）などは、連続帯の真ん中だと考えられます。

セノイの夢理論は、眉唾ものらしいといわれながらも受け入れられました。それには、それを求める社会背景があるのではないかと考えられます。夢を語り合うことでいろいろなものが得られるという考え方には、社会を理想的な条件に近づけるためのひとつの可能性が秘められているのではないかと思います。

堀　入眠期の「落ちる」感覚もバンジージャンプと思って楽しむ人もいる。そんなふうに、自分に降りかかってきた物事をネガティブにとらえずに、できるだけ楽しみながら人生を膨らませていく。

みんなが一生懸命いい夢を見る努力をすると、われわれの社会はもっとパワフルな文化をつくれるのではないかと思っております。

北浜　私は神経科学者なので、将来についての意見より、夢を見ている時の脳の話をしましょう。扁桃核という脳の中のカボチャのお化けのような部分が、夢を見ているときに頑張ると悪夢を見ることがわかっています。それで睡眠薬を飲むと扁桃核の活動も抑えられて不安が取れますが、今度は記憶をつかさどっている海馬がダメージを受けて、物忘れがうんとひどくなります。ですから、こういった方面でのいい研究をして、悪夢に苦しんでいる人を救うお役に立ちたいですね。

高田　すとんと落ちる夢は怖そうですね。それをバンジージャンプという遊びに変えてしまう。そういう発想の転換は、いかにも愉快ですね。

こんなふうに考えると、勉強や仕事も、苦行でなくなるかもしれない。いろいろな新しい展望が開ける。それを自らの力で見つける。たいへん楽しそうだという気がします。

そこで振り返ってみると、どうも二〇世紀という時代は、さまざまな形で人間を脅迫しながら、進歩を遂げてきたような気がします。そして、そういう時代の精神を体現した産業を、私は「脅迫産業」と呼んでいるのですが、その典型は、医療、生命保険、そして教育でしょうか。いずれも、「今、きちんとしておかないと将来がたいへんなことになるぞ」というわけでしょ？　でも最近は、そういう脅迫が効かなくなってきた。実際、医療過誤事件は少なくない。生命保険も、あとになって保険金額が平気で減額されてしまう。それに、最高学府を出た人が、晩年になって土下座したり、手が後にまわったり……。どうも脅迫では未来が切り開けない時代がやってきたような気がするのですね。

そうした時代のキーワードのひとつは「楽しみ」ということではないのか。たとえば脳科学をはじめ、今後も、科学や技術の発展に期待をつなぐとすれば、それは「人生と生活を楽しむ」という方向と歩調を合わせることが大事になってくるのだと思います。という意味では、眠りそのもの、眠りのなかで見る夢を楽しむ――そういうスタンスがあってもいいのではないでしょうか。

とくに、眠りのなかで見る夢には、ベンゼン環の発見につながったケクレの夢のように、覚醒時に考え抜いたことの成果が、ひらめきのように、とつぜん新しいイメージとして姿を現わすことがある。とすれば、人生や生活の先行きを暗示するような夢もありうるのではないかと思います。

ここに来て「眠りのなかで見る夢」と「未来の夢」がつながるのかもしれません。「夢のような話」というと「つまらない絵空事」といった意味になりますが、これからの時代、そうした心の動きを、夢のなかに探る。そのことによって、自らの未来を切り開くきっかけとすることができないわけでもない。

どうやら「ねむりを楽しむ――夢学ことはじめ」というテーマは、このあたりに着地点をみつけたように思います。ということで、このシンポジウムをお開きにさせていただきます。

（二〇〇四年三月十四日　第一〇回睡眠文化フォーラムより）

「夢」と「うつつ」の相互浸透

近代以降、私たちの社会には「夢」の世界と現実とをはっきり分かち、どちらかといえば夢の世界を抑圧しようとする傾向性がある。これは「夢」vs「うつつ」を「眠っている時」vs「起きている時」に置き換えてみるとわかりやすいだろう。多くの人は、起きているとき元気に働くために睡眠をとらなければならない、と考えている。労働者にとって「眠っている時」は「起きている時」のために存在しているかのようである。このような発想は、私たちに眠りに対する強迫観念を植えつけるのに一役買ってきた。近代以降の工業化社会においては、決まった時間に起きて工場へ行き、きちんと労働する人間を確保するためには都合のよい理屈だった。その結果、忙しくなった私たちには、夢なんか見ている暇はなく、しっかり眠らねばならないと思えば思うほど眠れなくなって病気になってしまう。こうして不眠症に代表される睡眠障害が現代人の新しい病気になった、という筋書きはまったくの的はずれではないかもしれない。

ところが、世界各地の「夢」への対峙のしかたを調べてみると、夢とうつつを二項対立的にとらえるというより、むしろ、はっきりとした区別をしていないという民族誌の事例がたくさんある。ある民族文化の文脈では、誰かの夢の世界で過ちを犯したあなたは、現実の世界で責められ、詫びなければならなかったりする。夢で見たことが現実の生活に「事実」として持ち出される。夢がみな正夢、だったらいいことも多いだろうが、罪をおわされるのではちょっとたいへんかもしれない。

睡眠文化研究は、睡眠という人間のすぐれて生理的な現象を文化として研究する分野である。人間の三大欲求である食欲、性欲と同じく本能に位置づけられる睡眠を文化として研究するにはまず、「人間は一日に八時間寝なくてはいけない」、「三大栄養素を毎日食べなければいけない」、あるいは「営みは生存のためにあるべきだ」といったべしべからずのお決まりの考え方をいったん棚上げにする必要がある。世界各地の民族誌に報告されている夢の世界が現実と交流するようなできごとは、それが科学的か非科学的かと問うような二項対立の図式では、おそらくいつまでたっても理解できないだろうと思う。

では、私たちは夢とうつつの関係をどのようにとらえればよいのだろうか?

突拍子もないことだと思われるかもしれないが、睡眠における人間と夢の関係は、農業の起源における人間と植物の関係によく似ている。これまでは人間が特定の野生植物を選んで一方的に栽培することが、農業の始まりだと考えられてきた。これをドメスティケーションといい、栽培化と訳されてきた。しかし、最近では「文化」cultureとしての人間と、「自然」natureとしての植物の関係を、人間から植物への一方向的なはたらきかけととらえるのではなく、両者のあいだに双方向的な関わりがあると考えるようになってきた。ドメスティケーションとは人と植物の共生的な関係の過程であるとみなす考え方が主流となってきた。それは、人間が植物を作物に変えたというよりも、種を蒔いたり、花を咲かせたりして相互にやりとりをすることを通じて人間も植物もともに変わってきた、というそれぞれの働きかけの相互浸透を認める考え方といえるだろう。

話をもとに戻そう。

夢が現実に影響を与え、現実が夢に反映される。つまり夢とうつつの間に人の「意識」の相互浸透を認めることができるなら、睡眠文化研究の対象としての夢と夢を見る人間の関係もまた、広い意味で自然と文化の関係を扱うドメスティケーション現象のひとつであるといってよいだろう。このような睡眠をめぐる人間のとらえ方に、睡眠の本質を理解する上で大切ななにかが含まれているような気がしてならない。

（重田　眞義）

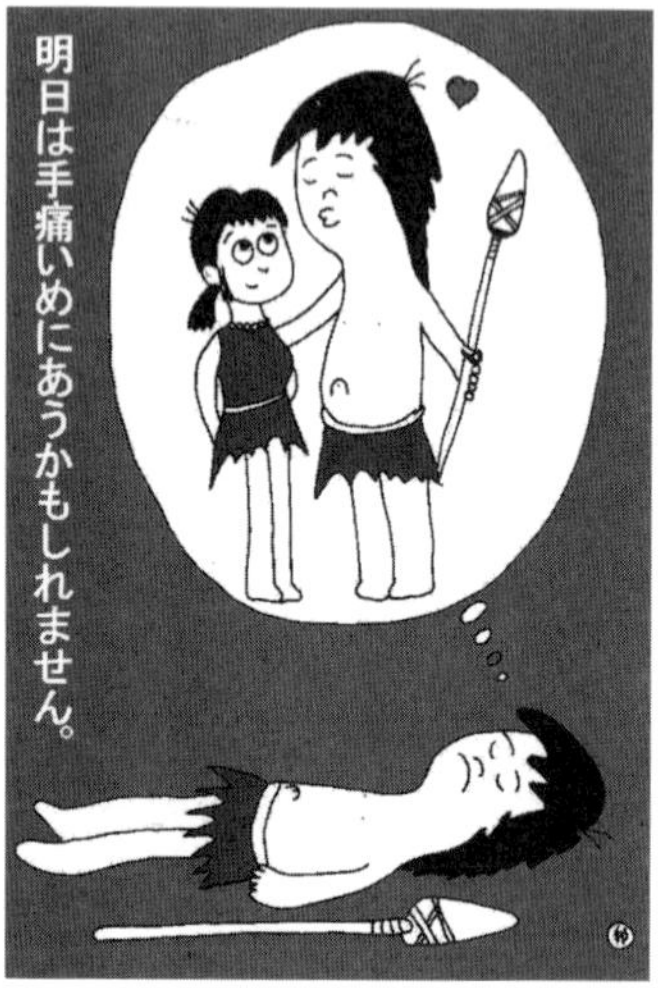

あとがき　夢から睡眠文化研究へ

夢の世界を十分に楽しんでいただけたでしょうか？
楽しい夢の話を活字にして現実の世界で語るなんて、少し興ざめかもしれません。もっとも、よい夢ならまた見てみたくなりませんか？

それに、夢が語りかけてくることの意味も、知りたいところです。恐ろしい夢なら、はやく逃れたいでしょう。少し理屈がわかっていれば、その夢から覚めることも、容易にできるのではないでしょうか。

私たちは、眠りに入ってから目覚めるまでのあいだに、実にたくさんのことを経験しています。なかでも「夢」は睡眠中の心身の活動として、よくわかっていないところの多い、しかしたいへん興味深い現象です。

眠っているあいだに私たちのからだや脳におこっていることは、これまで主に、理科系なら医学、文化系なら心理学を中心とする分野で研究されてきました。でも、夢だけは少しちがって、人間の社会や文化を対象にする、より広い分野の研究テーマにもなってきました。

じっさい、人間が眠るという行動には、それにまつわる実にさまざまな文化的事象が結びついています。おやすみのあいさつから、眠れないときのおまじない、寝るときに着る衣類、いつ誰とどこでどうやって眠るのか、そして夢の解釈から目覚めのあいさつまで、すべて睡眠という現象にかかわる、時代ごと、地域ごとに異なる文化が、深く関与しているといえます。

この本をつくった私たちが根っこのところでもっている考え方は、睡眠という人間の行動を、本能のひとつとして、生理学をはじめとする自然科学の立場からみるだけでなく、文化的な行動としてもとらえてみようというものです。いいかえれば、それが睡眠文化研究だということになります。

本書のもとになる研究活動は、睡眠文化研究所と、大脳生理学、睡眠心理学、社会学、文化人類学などの研究者からなる睡眠文化研究企画委員会が中心になってすすめてきました。研究所は有富良二、鍛治恵、松浦倫子、安達直美（現在・快眠スタジオ）が毎年のテーマ研究と調査をおこない、企画委員会は、重田眞義、高田公理、豊田由貴夫、鳥居鎮夫、藤本憲一、堀忠雄（五十音順）が、研究テーマの選定、年4回の研究会、毎年三月に開催する研究所主催の睡眠文化フォーラムの企画などをおこない、その成果をひろく一般に問いかけてきました。これまでの成果は『眠りの文化論』（平凡社、二〇〇一）『ねむり衣の文化誌』（冬青社、二〇〇三）として出版されています。

これらに続く本書が誕生するきっかけとなったのは、二〇〇四年三月十四日に開催された、第一〇回睡眠文化フォーラム「ねむりを楽しむ 夢学ことはじめ」です。ただし、その開催に先立ち、二〇〇二～三年度の研究会では、以下の方々に「夢」に関する最新の報告をしていただき、議論を重ねました。改めてお名前と発表タイトルを記して感謝の意を表したいと思います。

二〇〇二年度第四回研究会（十二月十七日）
北浜邦夫（フランス国立科学研究所）「レム睡眠と夢の機能」

二〇〇三年度第一回研究会（六月二十二日）
堀忠雄（広島大学）「夢の比較文化論」
小田晋（帝塚山学院大学）「夢の文化学・夢の人間学」
二〇〇三年度第二回研究会（十月四日）
渡辺恒夫（東邦大学）「『ギルガメッシュ叙事詩』から明晰夢研究までの4千年を回顧する」
豊田由貴夫（立教大学）「夢見の人類学」
二〇〇三年度第三回研究会（十一月十七日）
原田哲夫（高知大学）「子供の夢見の現状と睡眠健康」
加藤幹郎（京都大学）「映画における夢の表象史」

なお、本書の出版に際しては、北浜邦夫先生に緻密な監修の労をとっていただいただけでなく、研究会でのご発表以外に、じつに興味深く示唆に富んだ文章を書き加えていただき、かつ楽しい挿画を描いていただきました。最後になりましたが、改めて深甚の謝意を表する次第です。

高田公理・睡眠文化研究所

監修者のひとりごと　ゆめまぼろしのごとくなり

夢もまぼろしも、はかなくて実在しないもののたとえ、とされてきました。それどころか、東洋では、現実《うつつ》でさえ存在するかどうか、こころもとないのです。現実も、もしかしたら、まぼろしなのかも知れないし、本当だとしても、生まれてから死ぬまでの時間はあっという間に過ぎ去っていって、「位の低い天人の一昼夜ですら人間の五十年ですから、それにくらべてみると、人生なんてまるで夢まぼろしみたいなもの」なのですね。「おごれる者も久しからず、ただ、風の前の塵に同じ」なのです。ですから、ほんとうに安心するのなら、永遠が存在する極楽か地獄にいけばよいので、後生を願う、ということになります。でも、地獄で永遠はいやですね。極楽もずっといるとあきてくるかもしれません。その地獄や極楽もまぼろしかもしれませんから、私はまだ当分生きていたいです。

さて、本書はその「夢、うつつ、まぼろし」を専門に研究している方たちが、いろいろな角度から、この人生の永遠の問題に触れて、わかりやすく読者のみなさんと考えてみたいと思ってつくったのです。なるほど、「まぼろし」とはこういうものだったのか、「眠っているときの夢って、不思議だな」と思っていたけれど、こんな具合になっていたのか、とか、夢で発明発見ができたらいいな、とか、文化によってこんなにちがうのか、とか、夜更かししてちゃいけないんだ、とか読者のみなさんにあらたな発見を

人間五十年、下天の内をくらぶれば、夢まぼろしのごとくなり

していただけたら、執筆者一同こんなに嬉しいことはありません。でも夢やまぼろしは個人的に楽しむものです。売ったり買ったり商売しちゃいけません。しっかりと明晰夢を見られるようになって、「夢にあのひとが現れたから、私のことが好きなんだ」なんて、平安時代とおなじようなことを考えていては駄目ですよ。つぎの日に手痛い目にあいます。

今回、私は挿し絵担当ならお引き受けします、と言っていたのですが、「神経科学の分野では難しいところがあって、うっかりミスをしていると困るから」という理由で、監修を引き受けざるをえなくなりました。確認の意味で読んでみて、注文や解説をつけることになっていたのです。それが、みんな面白くて、ついつい夢中になって読んでしまったので、その責をあまりはたしていないかもしれません。というか、みんな良く書けていて、私の出る番がありませんでした。

私の夢みたいな話に終始きげんよくつきあってくれ、「夢まぼろしのようなもの」をうつつの出版にこぎつけてくださった編集部の重松伸枝さんにお礼申し上げます。

（リヨンにて　**北浜　邦夫**）

著者一覧（五十音順）

荒俣　宏（あらまた ひろし／作家）
一九四七年東京都生まれ。慶応大学卒業。『帝都物語』、『世界大博物図鑑』をはじめ、神秘学、博物学、風水等、多分野での精力的な執筆活動のかたわらテレビ出演もこなす。近著に『男に生まれて』（朝日新聞社）、『荒俣宏の不思議歩記』（毎日新聞社）など。
［**1章―夢のすがた、三つのかたち**］

北浜邦夫（きたはま くにお／フランス国立科学研究所神経科学部門主任研究員）
一九四四年東京都生まれ。東京大学文学部心理学科卒業、同大学院進学後、渡仏。リヨン大学医学部実験医学教室ジュヴェ教授に師事し、覚醒・睡眠と夢を研究。理学博士（仏）・医学博士（日）。著書に『ヒトはなぜ、夢を見るのか』（文春新書）、訳書にジュヴェ『夢の城』『睡眠と夢』（紀伊國屋書店）など。
［**1章―コラム・夢まぼろしの能歌舞伎／2章―コラム・夢まぼろしのユング／4章―夢のしくみ／コラム・夢まぼろしの映画／ねむりを楽しむ―夢学ことはじめ**］

重田眞義（しげた まさよし／京都大学大学院アジア・アフリカ地域研究研究科助教授）
一九五六年京都府生まれ。京都大学博士（農学）。一九七八年以来スーダン、ケニア、エチオピアなどにおいてフィールドワークに従事。専攻は生態人類学、民族植物学、アフリカ在来農学。共編著に『アフリカ農業の諸問題』（京都大学学術出版会）の他アフリカにおける考現学および開発や教育をめぐる論攷多数。
［**2章―夢と自己意識をめぐるディスカッション／夜型談義／4章―コラム・「夢」と「うつつ」の相互浸透**］

高田公理（たかだ まさとし／武庫川女子大学情報メディア学科教授）
一九四四年京都府生まれ。一九六八年京都大学理学部卒。学術博士。旅の文化研究所運営評議員。比較文明学、観光社会学、都市文化論専攻。『酒場の社会学』『なぜ「ただの水」が売れるのか――嗜好品の文化論』（PHP研究所）、『自動車と人間の百年史』（新潮社）、『嗜好品の文化人類学』（共編著、講談社）、『料理屋のコスモロジー』（編著、ドメス出版）など著書多数。
［**2章―夢と自己意識をめぐるディスカッション／夜型談義／コラム・夢を楽しみ、役立てる／4章―ねむりを楽しむ―夢学ことはじめ**］

豊田由貴夫（とよだ ゆきお／立教大学文学部教授）
一九五五年埼玉県生まれ。専攻は文化人類学。パプアニューギニア等太平洋地域でフィールドワークに従事。共編著にFringe Area of Highlands in Papua New Guinea、New Frontiers of Sago Palm Studies、翻訳に『オセアニア神話』（青土社）。
〔2章―夢と自己意識をめぐるディスカッション／夜型談義／3章―さまざまな民族の夢理論／夢は語るべきか、秘めるべきか／4章―ねむりを楽しむ―夢学ことはじめ〕

鳥居鎮夫（とりい しずお／東邦大学名誉教授）
一九二四年 静岡県生まれ。一九四八年名古屋大学医学部卒。東邦大学医学部、米国ミネソタ大学医学部生理学教室を経て一九七一年東邦大学医学部教授。睡眠の精神生理学および香りの生理心理学的研究に従事。一九九一年東邦大学名誉教授。主な著書に『行動としての睡眠』（青土社）、編著に『睡眠環境学』（朝倉書店）など。
〔2章―夢と自己意識をめぐるディスカッション／夜型談義〕

林 勲男（はやし いさお／国立民族学博物館助教授）
一九五六年千葉県生まれ。社会人類学を専門とし、おもにパプアニューギニアを中心としたメラネシア地域で調査。共編著に『オセアニア近代史の人類学的研究』、『ジョージ・ブラウン・コレクションの研究』（共に国立民族学博物館）など。
〔3章―コラム・夢という経験〕

原田哲夫（はらだ てつお／高知大学教育学部環境生理学研究室助教授）
一九六三年奈良県生まれ。理学博士（一九九二・大阪市立大学）。子どもの生活リズム研究、アメンボ類の季節適応の研究（論文多数）他、「チェコ―日国際昆虫学セミナー」（一九九九）、「中高6年一貫校のための生物教科書作り国際ワークショップ」（二〇〇一）などを開催、国際的にも活躍。
〔2章―夢と子どもと現実と／夜型談義〕

藤本憲一（ふじもと けんいち／武庫川女子大学情報メディア学科助教授）
一九五八年兵庫県生まれ。大阪大学人間科学研究科修了後、編集者・コピーライター等を経て現職。情報美学、メディア環境論専攻。

主な著書に『ポケベル少女革命』（エトレ／星雲社）、共著に『戦後日本の大衆文化』（昭和堂）、『眠りの文化論』（平凡社）、『パーソナル・ポータブル・ペデストリアン』（ＭＩＴプレス）など。

［3章─コラム・若者の傷つきやすさ］

堀　忠雄（ほり　ただお／広島大学総合科学部教授）
一九四四年北海道生まれ。早稲田大学文学部・同大学院で心理学を専攻。医学博士（金沢大学）。精神生理学、睡眠科学を専門とし、脳科学と心理・行動科学の両面から夢見のプロセスを研究。『不眠』（編著、同朋舎出版）、『快適睡眠のすすめ』（岩波新書）など著書多数。
［1章─座禅と日本文学にみる夢／4章─入眠期の心象体験／コラム・金縛り体験／ねむりを楽しむ─夢学ことはじめ］

渡辺恒夫（わたなべ　つねお／東邦大学理学部生命圏環境科学科教授）
一九四六年東京都生まれ。京都大学文学部で哲学を、同大学院で心理学を専攻。高知大学人文学部を経て一九九〇年より現職。専門は、脳波実験を中心とした夢の生理心理学、生涯発達心理学と死生学、心の科学の哲学的基礎、など多岐にわたる。『〈私の死〉の謎─世界観の心理学で独我を超える』（ナカニシヤ出版、二〇〇二）、『図解─深層心理のことが面白いほどわかる本』（中経出版、二〇〇三）、『〈私〉という謎─自我体験の心理学』（共編、新曜社、二〇〇四）等、著書多数。
［2章─『ギルガメッシュ叙事詩』から十九世紀までの夢理論の系譜／リアルタイムの夢・「明晰夢」／夢と自己意識をめぐるディスカッション／夜型談義］

睡眠文化研究所（Research Institute on Sleep and Society）
「覚醒の文化」を追求する現代社会に「眠りの復権」を目指して、一九九九年に設立。多分野から学者、文化人の参加を得て、ボーダレスに睡眠文化の研究に取り組み、眠りをテーマにした一般向けのイベント、出版活動を行う。
http://www.riss.org/

誰かが死ぬ。中国の古い伝統で、人が死んだら白い服を着て送り出すからです。また、赤い花を見たら誰かが結婚する。結婚式は赤い花で飾るからです。子どもが夢の中に出てきたら、泥棒が来るから泥棒を防ぐ。鶏や魚を見たら、誰かと口げんかをする。牛を見たら、金持ちになる。山を登る夢を見たら、いいことが起きる。山を下る夢を見たら、悪いことが起きる。笑っている夢を見たら、実際に泣くことが起きる。

ラケル　ベネズエラではこわい夢を見ないためには、晩ご飯を早めにすませるの。

モハメッド　モロッコでは、おなかがいっぱいで寝ると悪夢を見やすい、というね。

ルイス　だからスペインの人は、みんなが悪夢を見るんだね！

リム　シンガポールでは、夜に爪を切ると、お化けが出てくるんだ。

マモ　エチオピアでも、夜に爪を切ると、親戚に悪いことが起きるというよ。

司会者　日本でも、夜爪を切ると親の死に目に会えないといいますね。

モアゼム　バングラデシュでは、悪い夢をたくさん見たら、モスクに行って、小さい紙にコーランの言葉を書いて、腕や首に張ります。お守りのようなものです。

マイケ　オランダにはそんなおまじないは、全然ないわね。たぶん、フランスやドイツ、ベルギー、デンマークなど、ヨーロッパの国はみなそうだと思うわ。

ジャッキー　アメリカは多民族国家なので、ひとつの基本というのはないんだけど、たとえば、アメリカにもともと住んでいたネイティブ・アメリカン（インディアン）の人たちは、ドリーム・キャッチャーをベッドの上に飾っておけば悪い夢を見ないというわね。

（2003年11月30日、国際座談会より）

◆夢にまつわるおまじないやタブー

マモ　エチオピアでは、寝ている人の顔に落書きをしたり、化粧したりしてはいけないんだ。寝ているときは、その人の魂が抜けているので、帰ってくるときに、顔がちがうと魂が戻ってこられなくなってしまう。

ソン　中国にも、寝ている間に魂がどこかに行っているという考え方があるよ。静かに邪魔されないときにだけ、魂がからだから抜けて先祖に会ったりする。昼間はそれができないので、昼起きているときには夢を見ないんだ。

リム　シンガポールでは、誰かに自分が見た夢の話をするなら、朝ご飯を食べてから、ということになっています。

モハメッド　モロッコでは、「いい夢を人に話すと実現しない」と信じられているので、夢の話はしません。

ジラーポーン　タイでは、意味がありそうな夢を見たら、お寺に行って、お坊さんに見てもらうの。蛇の夢を見ると新しい恋人に会えるのよ。もしその蛇が自分のからだを巻いたら、出会う人が運命の人らしいわ。

マイケ　オランダでは、夢の意味について解釈したりしないわ。今は宗教をもたない人も多いし。そのせいで、科学的に考えているかもしれないわね。

モアゼム　バングラデシュでは、誰かが死んだ夢を見たら、それが本当にならないようモスクに行ってお祈りします。

ルイス　スペインでは、同じ夢を何度も見ていると、何かが起こりそうだということになる。ジプシーが夢占いをしてくれるけど、迷信だといってカトリックに禁止されてしまったんだ。

ラケル　ベネズエラには、夢の意味と番号が書いてある本があるの。たとえば、結婚式の夢は1520で、よくない夢といった具合に。

ソン　中国では、『昼に思ったことや、前の日に思ったことが夜の夢に出てくる』ということわざがあります。また、きれいな水を見たら、涙が顔を洗う。つまり悪いことが起きる。白い布を見たら、

◎「ぼんやりしている人」「夢見る夢子さん」

アメリカ――ドリーマー

夢の中に生きている人（someone living in a dream）

オランダ――ドローマー

あまり集中できない人。いつもぼーっとしている人

◎「理想の恋人、結婚したい異性」

中国――ムン・チュン・レン（梦中人）

アメリカ――ドリーム・ガール

オランダ――ドルーム・プリンス（droom prins）

◎「夢みたいなことを言わないで」

タイ――ファン・タン・ワン（ありえないこと）

中国――マイ・チョウ・バン（現実のことを考えなさい）

スペイン――アテリーサ (aterriza)（夢から着陸しよう）

シンガポールのリムさんのイラスト

◆いろいろありますね、夢にまつわる表現

◎「いい夢」を意味する言葉

中国――ハオ・ムン（好梦）
タイ――ファン・ディー
バングラデシュ（ベンガル語）――パロ・ショップ

◎「悪夢」を意味する言葉

アメリカ――ナイト・メア（night mare）
オランダ――ナハト・メリ（nacht merrie）
タイ――ファン・ダイ
スペイン――マル・スエニョ (mal sueno)
ベネズエラ――ペッサディージャ（pesadilla）
バングラデシュ（ベンガル語）――カラプ・ショップ

◎あなたの国の吉夢は？

日本――「一富士二鷹三なすび」（初夢）と火事の夢
ベネズエラ――蛇の夢を見ると、ラッキーなことが起きる
シンガポール――人が死ぬ夢を見ると、その人は長生きする
エチオピア――葬式の夢を見ると新しいことが起きる
タイ――悪い夢を見たら、現実には悪いことが起こらない。
いい夢を見たら、いいことがある。

◎あなたの国でよくないとされる夢は？

ベネズエラ――結婚式の夢
バングラデシュ――夢の中で誰かが蛇の上に手をついたらよくない
エチオピア――結婚式の夢を見ると誰かが死ぬ

◎「白昼夢」

オランダ――ダグ・ドローム
ベネズエラ――ソニャール・デスピエルト (sonar despierto)

◉ベネズエラ（スペイン語）

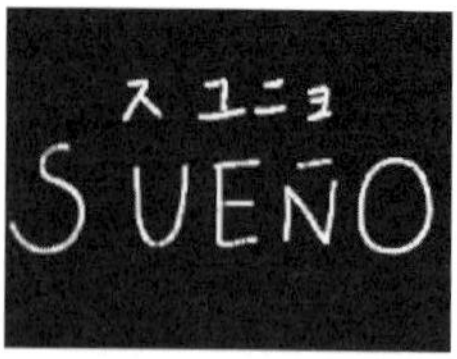

ラケル（Raquel Silva）「ベネズエラの言葉はスペイン語なので、ベネズエラでも夢は『スエニョ』、『夢を見る』は『ソニャール』です。スエニョには２つの意味があります。ひとつは寝るときの夢、もうひとつはあこがれること、将来に対する希望も意味しています。」

◉アメリカ（英語）

ジャッキー（Jackie Gardiner）「夢は、英語で『ドリーム』で、名詞も動詞も同じです。日本語のように寝る時の夢、将来の夢という２つの意味があるほか、現実離れしているという意味もあります。」

◉タイ（タイ語）

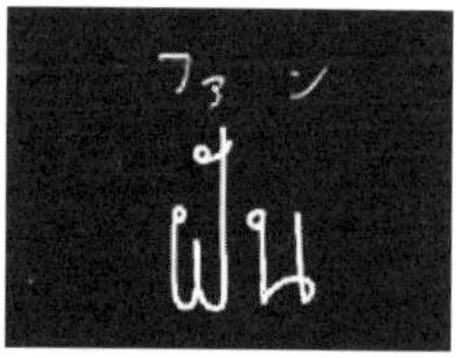

ジラーポーン（Jeeraporn Kansup）「タイ語では夢も、夢を見る、も『ファン』という言葉を使います。寝るときに見る夢も、将来になりたいこともファンといいます。ありそうにないことを考えていることもファンです。」

◉オランダ（オランダ語）

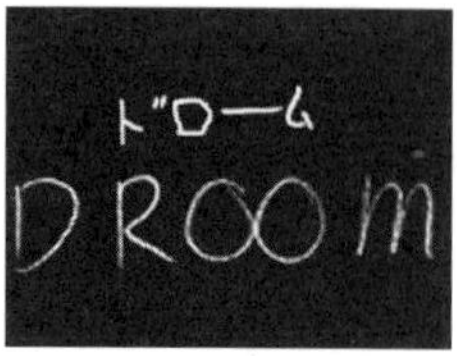

マイケ（Maaike Klootwyk）「オランダ語では、夢は『ドローム』、夢を見るは『ドロームン』です。オランダ語のドロームという言葉には３つの意味があると思います。ひとつは寝るときの夢、もうひとつは不可能なこと、最後は、将来の希望です。」

とを意味します。将来を夢見るという場合は『夢』という漢字を『ボン』と読んで、『ボン・シオン』といいます。」

◉モロッコ（アラビア語）

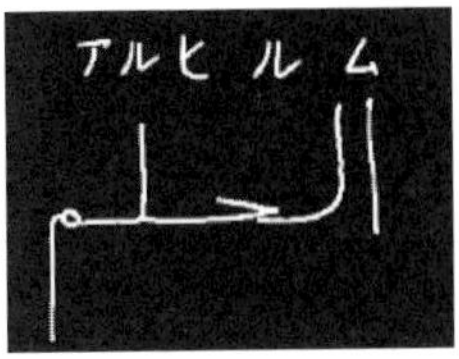

モハメッド（Mohammed Lmoucheter）「モロッコの公用語はアラビア語なのですが、夢は『アル・ヒルム』といいます。寝ている間に見る夢と、将来こうなりたいという夢の両方を指しています。また、夢という言葉から派生する『アンレーナ』という言葉は、大きな家をもつとか、車を何台ももつとか、大きな土地をもつとかいうような、お金持ちになるという意味です。」

◉バングラデシュ（ベンガル語）

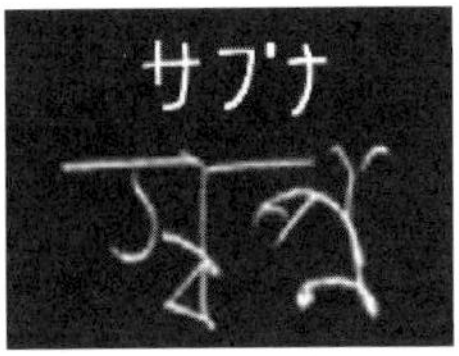

モアゼム（Moazzem Khondaker）「バングラデシュでは、夢はベンガル語で『サプナ』といいます。寝ている間の夢のことと、将来的に何かになりたいことという意味の両方に使います。が、年配のひとたちは、宗教的な意味合いを含む『希望』という場合にもサプナを使います。」

◉スペイン（スペイン語）

ルイス（Luis Pedriza）「スペイン語の夢にあたる名詞は『スエニョ』といい、日本語と同じく寝ているときに見る夢と、将来なりたいことや志という意味を含んでいます。また、現実にはありえないことや、でたらめなことも夢といいます。スエニョの動詞形は『ソニャール』で、夢を見る、あるいは将来何かになりたいというときにも使います。おもしろいのは、眠ることや眠気のことも、スエニョということです。スペインでは夢見ることを前提で寝ているわけですね。」

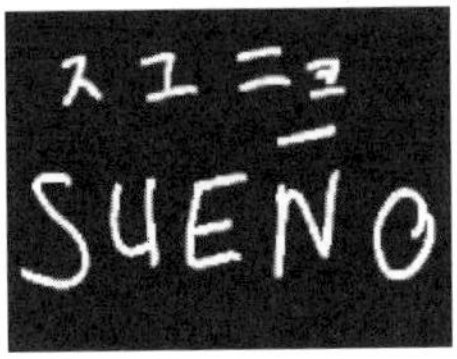

世界の「夢」観
――日本で学ぶ十ヵ国の留学生が語る「夢」のお国柄

あなたの国の「夢」について教えてください

◆「夢」にあたる言葉は何ですか？

◉中国（中国語）

ソン（孫 暁剛）「中国では夢のことを『ムン』といいます。書き方が2つあり、ひとつは日本と同じ『夢』、もうひとつは『梦』と書きます。『夢を見る』という場合は『ツオ・ムン（看梦）』となります。また夢には2つの意味があり、夜寝ている間に見る夢と、自分の将来の希望の夢があります。将来の願いごとのときは『ムン・シャオ（梦造）』を使います。」

◉エチオピア（アムハラ語）

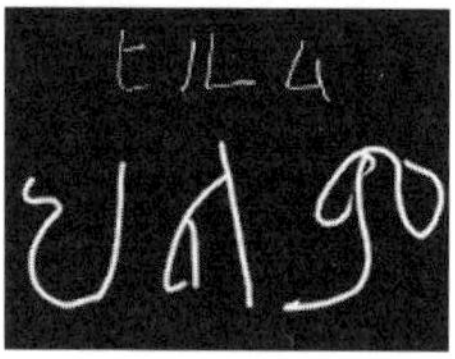

マモ（Mamo Hebo）「エチオピアではアムハラ語やオロモ語をはじめ40以上の言葉が使われています。アムハラ語で夢は『ヒルム』といいます。日本語と同じように、将来の夢と寝ているときに見る夢は区別しないで一緒にしています。オロモ語では『エデュ』という言葉を、夢という意味で、それも本当ではないことという意味で使っています。将来の夢にあたる言葉はありません。」

◉シンガポール（福建語）

リム（Lim Boon Hock）「福建語では『夢』という漢字を『バン』と読みます。『夢を見る』は『チョウ・バン』です。バンは、日本と同じように、寝て見る夢と、将来のこ

両方の夢に共通している作用は、その夢をもったひとの可能性を広げるという点においてであろう。昼間見た「象」という刺激によって偶発的にひきおこされた象使いの「夢」も、動物行動学者になるという将来の「夢」も、私たちが自分で自分をつくりあげていく成長の過程のなかで、優れて創造的な行為へとつながっていく。２つの夢の情報伝達回路は、私たち個人の成長や進歩を支えている大切なしくみをなしているとさえいえるだろう。

ここで夢の世界とうつつのできごとを共通の文脈で説明したり納得したりするような多くの民族誌の事例から類推することが許されるのなら、かつて私たちの夢の回路はひとつだった、と仮定してみるのもあながち的はずれではないかもしれない。それは「夢」にすぎない、といって切り捨てることをやめて、今ふたたびこの２つの夢の力をあわせることができれば、私たちの創造的行為をさらに豊かなものにすることができるのではないだろうか。

夢と創造性に関する考察 — 夜見る夢と将来の夢

私たちが日常生活で体験するさまざまなできごとにまつわる情報伝達の回路は、多くの場合自己循環的である。たとえば空腹に耐えかねて飛びこんだレストランの（行動)、ランチが意外に美味かったので（経験)、それが忘れられなくて（記憶)、次に近くをとおりかかったときに思い出して（想起)、また訪ねてみる（行動)。こういった、行動にはじまり経験——記憶——想起——行動とつながる情報の循環回路は、私たちが起きて活動しているときの話だが、これに眠りの中で見る夢と、将来を夢見る夢の２つの回路をつけくわえてみると、どうなるだろうか？（図１)

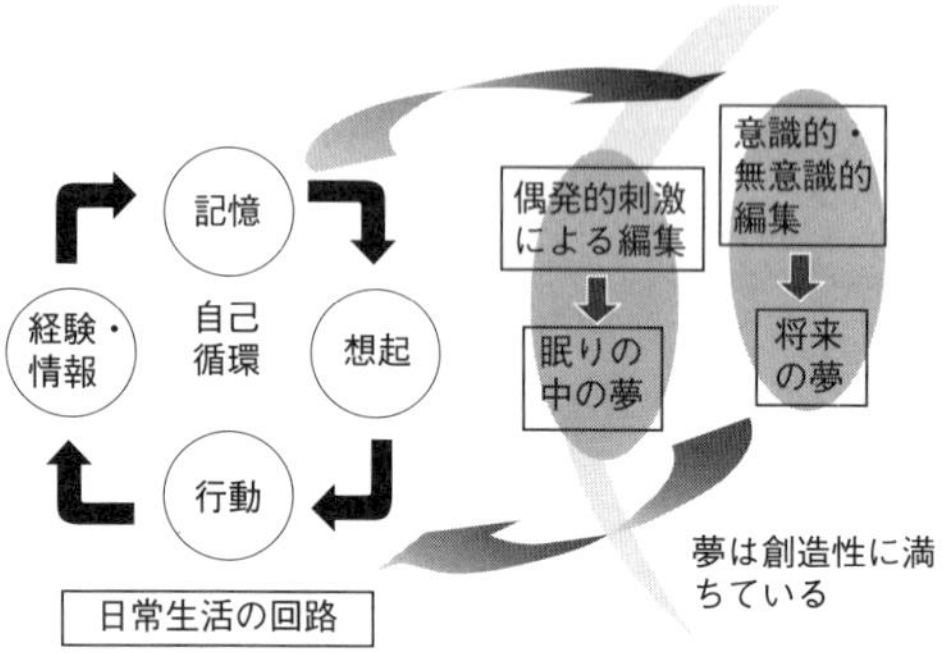

図１　日常生活と２つの「夢」の回路

眠りの中で見る夢には、日中の行動や経験を通して得た記憶が反映されていることがよくある。たとえば動物園へ行って象が餌を鼻で口へはこぶのを見た少年はその日の夜に、自らがインドに暮らして自在に象をあやつっている夢を見るかもしれない。いっぽう、同じ経験は少年のこころに、いつか動物行動学者になって象の行動を研究したいという「夢」を抱かせるかもしれない。

などであった。

10代では、夢から連想される単語に比較的プラスイメージのものが多いが、20代になると、「悪夢」や「恐怖」といったものが顔を出し始める。上位の回答の中には将来の具体的な夢に関連する単語がほとんどなく、唯一、30代、40代の男性の回答に「宝くじ」がみられた。表3に示した将来の具体的な夢7つのうち4つは、30代の男性から寄せられた。「宝くじ」と答えた人の数が多いこともあわせて考えると、きわめて現実的かつ具体的な夢が30代の男性には多いといえる。

表3　30代、40代男性の将来の具体的な夢

・宝くじ	・マイホーム
・万馬券	・BMW
・ハワイコンドミニアム	・大学合格
	・開業

一方で、夢から連想される単語全体の約7％が「子供時代」や「若いころ」に関連した言葉となっており、その内容からは将来の夢をたくさんもっていることと「若さ」が結びつけて考えられていることがわかる。

また、19世紀から20世紀にかけて、科学の進歩への夢は現実のものとなってきている。夢から連想された言葉の中に、科学の進歩に関連した単語は1319の言葉の中に、「タイムマシン」だけであった。飛行機や宇宙船、インターネットなどが存在しなかったころに、私たちは科学への尽きせぬ夢を抱いた。しかし21世紀を迎えた現在、科学のもたらす明るい未来に夢を抱いていた時代は、その終わりを告げているのではないだろうか。

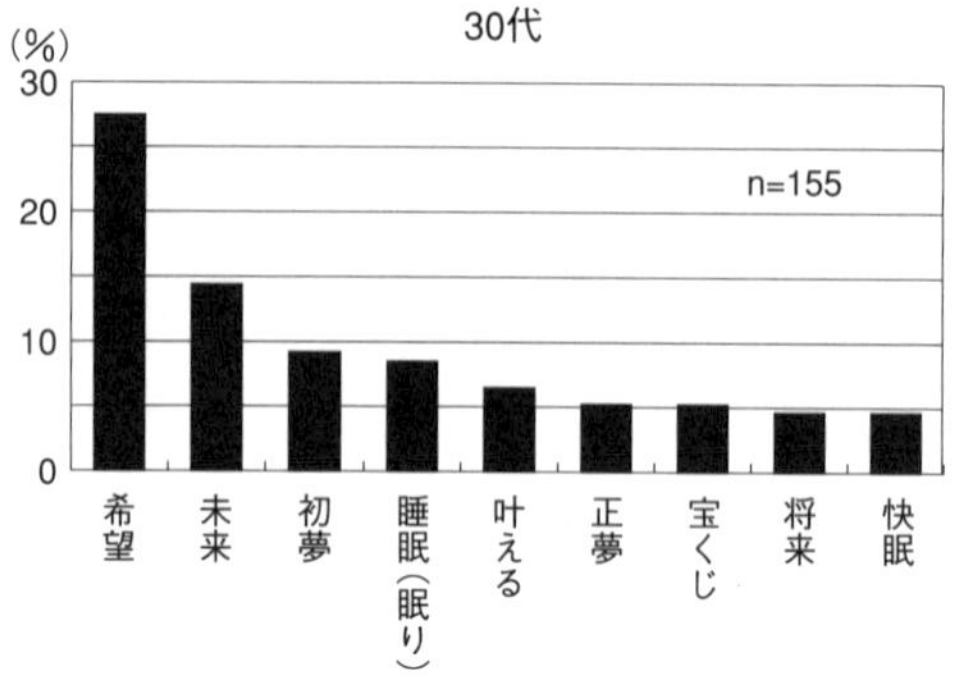
30代
(%)
30
20
10
0
n=155
希望
未来
初夢
睡眠(眠り)
叶える
正夢
宝くじ
将来
快眠

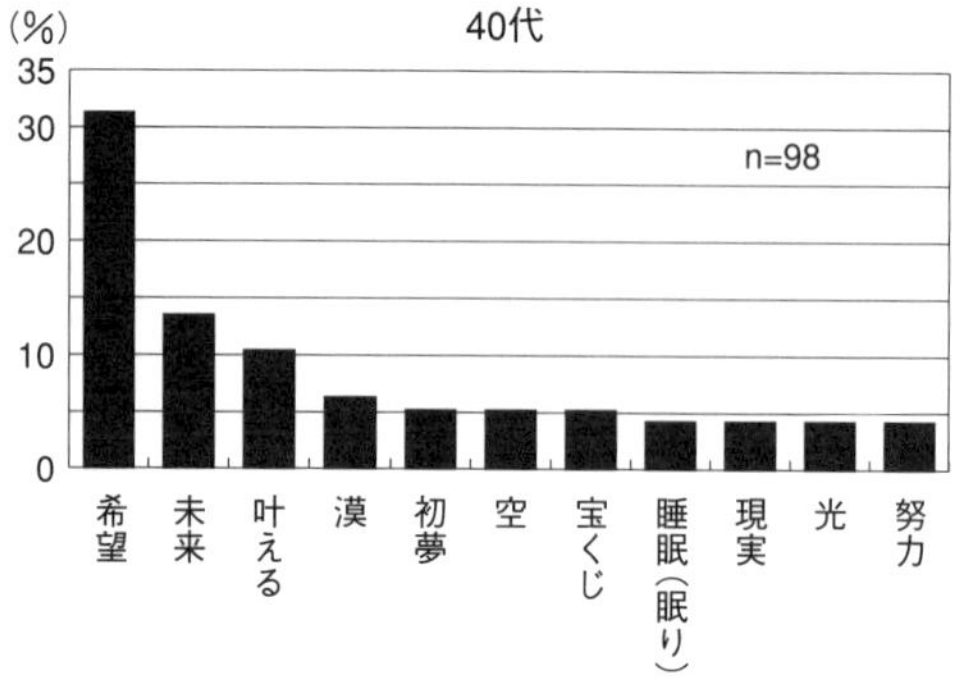
40代
(%)
35
30
20
10
0
n=98
希望
未来
叶える
漠
初夢
空
宝くじ
睡眠(眠り)
現実
光
努力

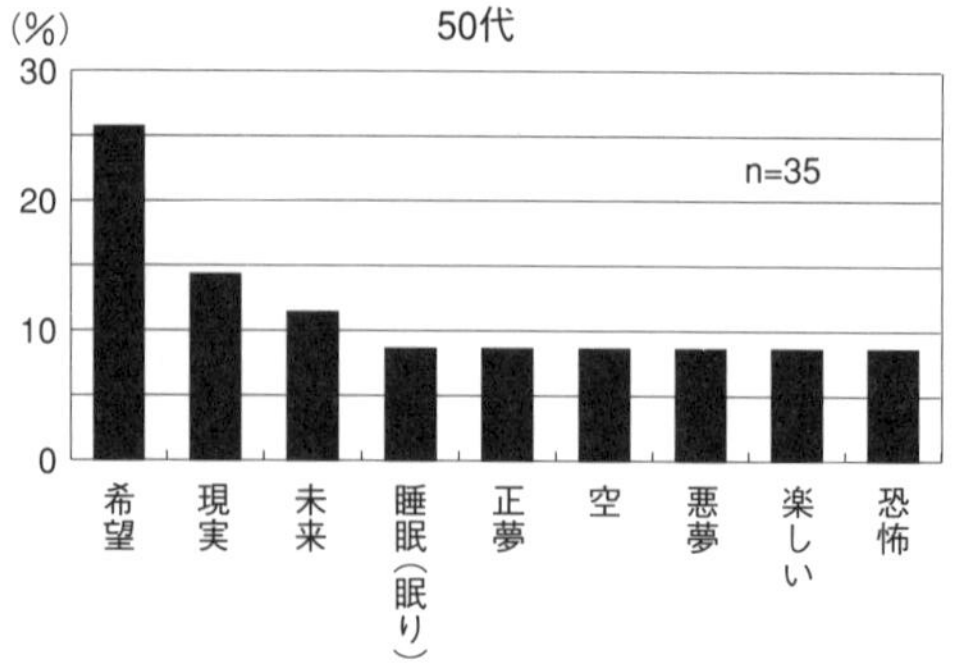
50代
(%)
30
20
10
0
n=35
希望
現実
未来
睡眠(眠り)
正夢
空
悪夢
楽しい
恐怖

『太平記』の第35巻に登場する青砥左衛門《あおとざえもん》は、相模《さがみ》の守《かみ》の見た夢のお告げをもとに大層な恩賞を与えられそうになった。しかし、もし反対に自分が失敗した夢を見たら、私の所領は没収されてしまうのかもしれない、と考えて恩賞を断った。この頃から、世の中の人たちに、「夢は現実と別世界のできごと」という考え方が芽生えたと思われる。

世代別の「夢」のイメージ

世代ごとの「夢」から連想される単語の頻度をそれぞれグラフに示した。10代に特徴的だったのは「星」「夢占い」「雲」「愛」「レム睡眠」、20代では「悪夢」「夢占い」「幸せ」、30代では「宝くじ」「快眠」、40代では「宝くじ」「光」「努力」、50代では「悪夢」「恐怖」「楽しい」

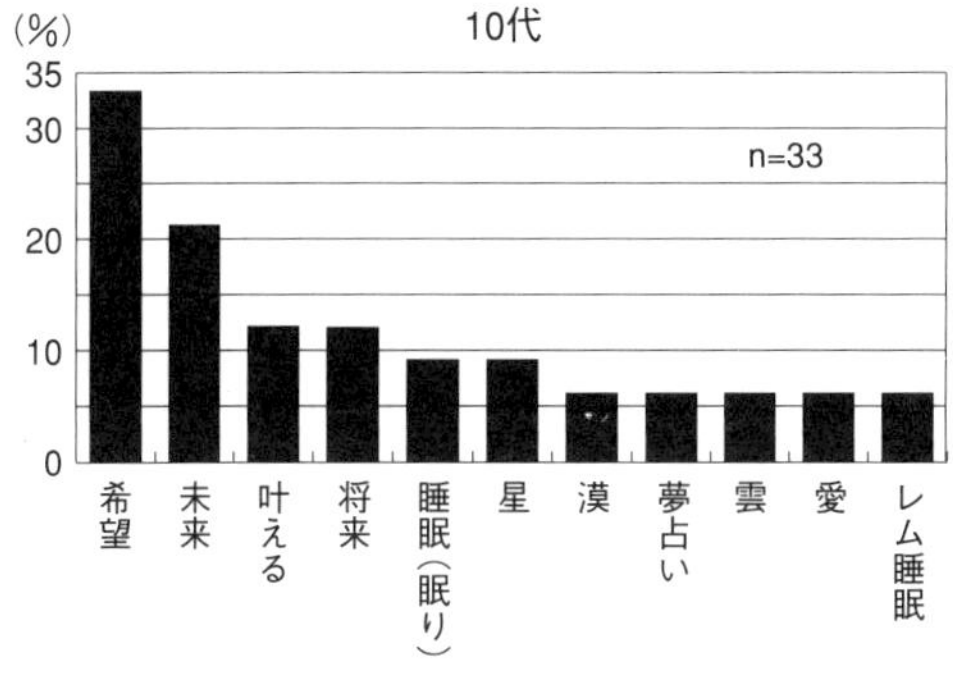

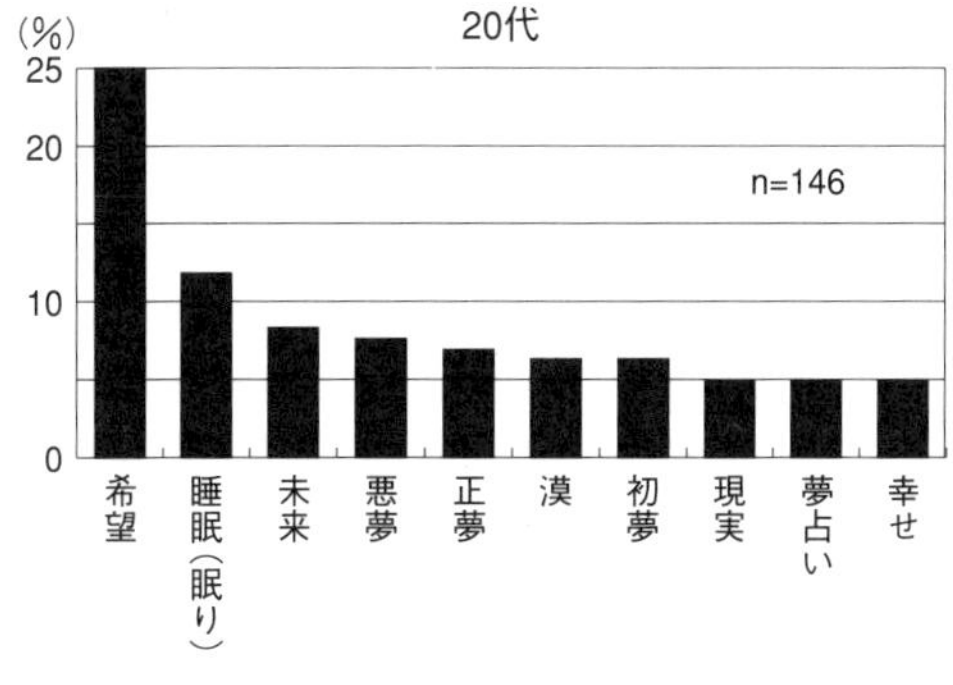

表2　夢から連想される単語　男女別TOP10

男性（n=191）			女性（n=287）		
1	希望	26.2（%）	1	希望	29.6（%）
2	未来	9.9	2	未来	13.6
3	実現	7.9	3	睡眠	10.4
4	睡眠（眠り）	6.3	4	初夢	8.6
5	宝くじ	5.2	5	正夢	7.1
6	現実	4.7	6	実現	5.7
7	獏	4.2	7	夢占い	5.4
7	将来	4.2	8	現実	5.0
9	初夢	3.7	9	空	5.0
9	はかない	3.7	10	獏	4.6

図２　「夢」からの連想…男と女

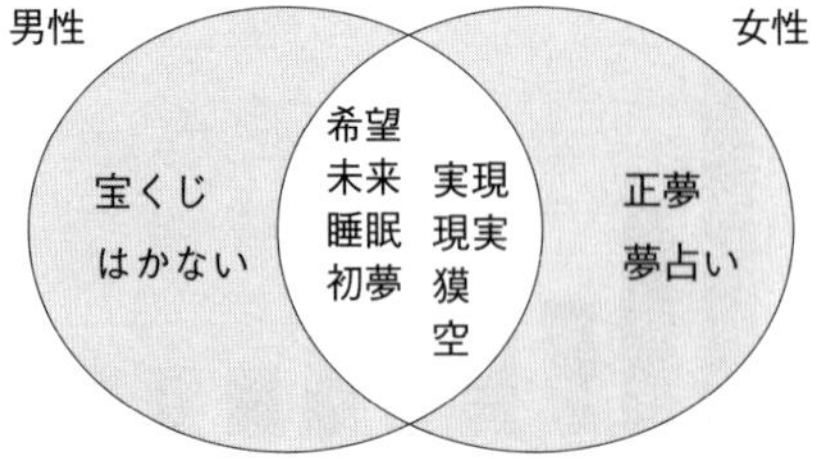

古代から近代の日本の「夢」観

古代から近世にかけての日本で、夢は、未来を占う政治的な判断材料として、公の場で活用されていた。『古事記』に第十代の崇神天皇の時代に夢占いが疫病対策などに使われた記録があるほか、法隆寺の夢殿、中世の「夢違《ゆめちがい》観音」信仰、また、『更級日記』や『蜻蛉日記』にも、夢を占う巫女や陰陽師、夢法師などが登場し、かつての日本人が、夢によって吉凶を判断し、夢と現実を関連づけていたことが窺える。この名残か、広辞苑に掲載された「夢」のつく約80個の単語のうち、4分の1が、夢の吉凶や占いに関するものである。

近代になると、ようやく夢と現実が区別されるようになってくる。

はかないさま、頼みがたいさまなどに言う言葉。心の迷い、将来実現したい願い。」とされ、第1版から第5版までその意味と用法は、図1に示したような変遷をたどっている。夢の意味に「将来実現したい願い、理想」が登場するのは、1983年に発行された第三版が最初であり、過去10年の朝日新聞その他の全国紙において使用された「夢」の用例を調べたところ、95%以上が将来の夢を意味していた。

版	記述	年
第一版	ゆ・め【夢】（「寝目」の転）①睡眠中に現のように種々の事物を見ること。睡眠中に意識を半ば復活した現象で、熟睡前後に多く、大部分は視覚的の性質を帯びる。身体内部から生じた内部感覚的刺激乃至前日の興奮の残存を原因とすることが多い。いめ。日葡辞書「ユメヲミル」「ユメヲサマス」②ぼんやりしたさま、はかないさま、頼みがたいさまなどにいう語。夢幻。宇津保 俊蔭「―のごとありしに」③まよい。迷夢。④極めて小さいこと。軽微なこと。日葡辞書「ユメニモゾンゼヌ」	1955年
第二版	ゆ・め【夢】（イメ（寝目）の転）①睡眠中にもつ非現実的な錯覚または幻覚。また覚醒中に起る同様の状態。多く視覚的の性質を帯びるが、聴覚・味覚・運動感覚に関係するものもある。日葡「ユメヲミル」「ユメヲサマス」②ぼんやりしたさま、はかないさま、頼みがたいさまなどにいう語。夢幻。宇津保俊蔭「―のごとありしに」③心のまよい。迷夢。	1969年
第三版	ゆめ【夢】（イメ（寝目）の転）①睡眠中にもつ非現実的な錯覚または幻覚。多く視覚的な性質を帯びるが、聴覚・味覚・運動感覚に関係するものもある。古今恋「思ひつつ寝（ぬ）ればや人の見えつらむ―と知りせばさめざらましを」②はかない、頼みがたいもののたとえ。夢幻。古今哀傷「寝ても見ゆ寝でも見えけりおほかたはうつせみの世ぞ―にはありける」。「―の世」「太平の―」③空想的な願望。心のまよい。迷夢。「いたずらに―を追う」④将来実現したい願い。理想。「海外雄飛が彼の―だ」→夢にも	1983年
第四版	ゆめ【夢】（イメ（寝目）の転）①睡眠中にもつ非現実的な錯覚または幻覚。多く視覚的な性質を帯びるが、聴覚・味覚・運動感覚に関係するものもある。古今恋「思ひつつ寝（ぬ）ればや人の見えつらむ―と知りせばさめざらましを」。「―を見る」②はかない、頼みがたいもののたとえ。夢幻。古今哀傷「寝ても見ゆ寝でも見えけりおほかたはうつせみの世ぞ―にはありける」。「―の世」「太平の―」③空想的な願望。心のまよい。迷夢。「いたずらに―を追う」④将来実現したい願い。理想。「海外雄飛が彼の―だ」「―を描く」→夢にも	1991年
第五版	ゆめ【夢】（イメ（寝目）の転）①睡眠中にもつ幻覚。ふつう目覚めた後に意識される。多く視覚的な性質を帯びるが、聴覚・味覚・運動感覚に関係するものもある。古今恋「思ひつつ寝ればや人の見えつらむ―と知りせばさめざらましを」。「―を見る」②はかない、頼みがたいもののたとえ。夢幻。古今哀傷「寝ても見ゆ寝でも見えけりおほかたはうつせみの世ぞ―にはありける」。「―の世」「太平の―」③空想的な願望。心のまよい。迷夢。「いたずらに―を追う」④将来実現したい願い。理想。「海外雄飛が彼の―だ」「―を描く」→夢にも	1998年

図1　広辞苑にみる「夢」の意味の変遷

男女で異なる現代の「夢」のイメージ

性別による「夢」のイメージにも差がある。男性特有の単語では、5位の「宝くじ」、9位の「はかない」の2つが見られ、女性では、5位の「正夢」と、7位の「夢占い」が見られた（表2）。

しかし、日ごろ、経済力を求められる男性の立場が、お金を夢に見させるのだろうか。「宝くじ」を買っても、それは「はかない夢」に終わるようだ。このほか、「万馬券」、「億万長者」も、ほとんどが男性から寄せられた。

女性の連想語に多かった「正夢」と「夢占い」は、女性の占い好きを映し出しているのかもしれない（図2）。

現代日本人の「夢」観

「夢」という言葉から何を連想する？

2003年12月から2004年1月まで、睡眠文化研究所のホームページにおいて「夢から連想される単語」に関するアンケート調査を行った（有効回答者数：481人、回答者内訳：男性約4割、女性約6割、年代別内訳：10代—7％、20代—30％、30代—32％、40代—20％、50代—7％、60代—1.9％、70代—0.4％）。

同義の単語をまとめて得られた481語のうち、上位2つの「希望」と「未来」だけで回答全体の40.8％を占めた（表1）。現代日本人にとって「夢」という言葉は、睡眠中の夢だけでなく、希望や未来などの将来の夢という意味にも広く用いられていることがわかる。

表1　夢から連想される単語TOP10

1	希望	28.5（%）
2	未来	12.3
3	睡眠（眠り）	8.7
4	初夢	6.6
5	実現（叶える）	6.6
6	正夢	5.1
7	現実	4.9
8	獏	4.7
9	将来	4.7
10	空	4.0

（n＝481）

1983年から使われ始めた「将来の夢」

夢という言葉は「いめ」を語源として、「寝《い》」が睡眠、「目《め》」が見えるものを意味していた。平安時代からはこれが夢《ゆめ》に転じ、「はかなさ」などの意で比喩的にも用いられるようになり、近代以降になって、「将来の希望」といった意味が加わった。

広辞苑（1983年第三版）では、夢は「睡眠中にもつ非現実的な錯覚または幻覚。また、覚醒中に起こる同様な状態。ぼんやりしたさま、

夢　うつつ　まぼろし

眠りで読み解く心象風景 —— Rêve, réel, et illusion

2005年5月21日　第1版第1刷発行

監　修……北浜　邦夫

編　集……高田　公理・睡眠文化研究所

発行人……斉藤　秀朗

発行所……株式会社　インターメディカル

〒113-0033　東京都文京区本郷3-19-4
TEL 03-5802-5801　FAX 03-5802-5806
URL　http://www.intermed.co.jp/

印刷製本……三報社印刷株式会社

DTP……プラス・ワン

カバーデザイン……畑中孝之

Printed in Japan　ISBN4—900828—20—3